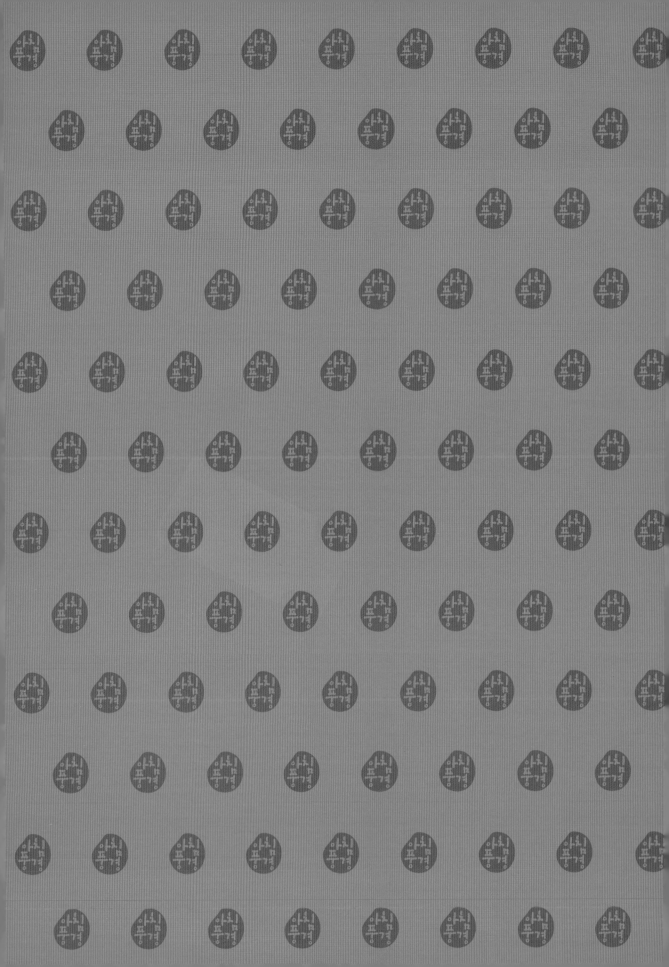

책(冊)은 마음의 선물입니다.
책을 선물하는 당신, 당신은 아름답습니다.
당신의 따뜻한 마음을
소중한 그 분에게 전하세요. *^^*

From _____

To _____

쉽게 단계별로 따라하며 배우는 다이어트 지침서

S라인을 위한
힐링 다이어트 필라테스

THE PILATES
BAE YUN HEE

초판1쇄 인쇄 ㅣ 2013년 6월 10일
초판1쇄 발행 ㅣ 2013년 6월 17일

출판등록 번호 ㅣ 제2006-38호
출판등록 번호 ㅣ 2006년 8월 1일
사업자등록번호 ㅣ 206-92-86713

ISBN ㅣ 978-89-94716-06-0 23690

주소 ㅣ 138-873 서울특별시 송파구 풍납동 484-12 1층
전화 ㅣ (02) 2294-9105
팩스 ㅣ 070-8802-6103

홈페이지 ㅣ www.MorningBooks.co.kr
Email ㅣ morning@morningbooks.co.kr

지은이 ㅣ 배윤희

펴낸곳 ㅣ 아침풍경
펴낸이 ㅣ 김성규

본문 모델 ㅣ 배윤희
동영상 모델 ㅣ 박성아
동영상 촬영 ㅣ 배윤희
동영상 편집 ㅣ 최호영
사진촬영 ㅣ 손창락
장소협찬 ㅣ 더필라테스센터(사진), 서래네송스(동영상)

편집디자인 ㅣ 이선화
표지디자인 ㅣ 이선화

Published by AchimPoongKyung Co., Ltd. Printed in Korea

쉽게 단계별로 따라하며 배우는 다이어트 지침서

S라인을 위한

힐링 다이어트 필라테스

필라테스 전문강사 **배 윤 희** 지음

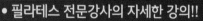

- 필라테스 전문강사의 자세한 강의!!
- 다이어트를 위한 난이도별 단계적인 필라테스 동작 수록!!

**50분 분량의 다이어트
동영상 강의 DVD 제공**

DVD-ROM

S라인을 위한 힐링 다이어트 필라테스

다이어트 필라테스를 집필하며 여러분에게 해드리고 싶은 얘기가 너무 많지만 말보다는 행동으로 실천하는 것이 더 중요하므로 길지 않은 이 내용을 자주 읽으시고 자극받으시고 다시 결심을 되새기시길 바랍니다.

모든 사람에게는 때가 있습니다. 지금이 다이어트를 결심한 때이시거나 예쁜, 멋있는 몸을 만들 때라 생각해 이 책을 선택하신 것이라고 생각합니다.

원하는 것이 생겼을 때, 우리는 원하는 것을 얻기 위해 노력하게 되고 원하는 것을 얻게 됩니다. S라인 웰빙 다이어트를 원하신 여러분들은 이 책을 통해 원하는 것을 이루길 바랍니다. 절대 생각만으로는 원했던 것을 얻을 수는 없습니다. 실천을 하셔야 이루어집니다.

여러분의 선택과 노력에도 원하시는 것을 이루지 못하셨다면, 그 이유는 원했지만 최선을 다하지 않았거나 최선을 다했지만 끈기가 없었거나, 끈기 있게 하려 했지만 포기를 했기 때문일 겁니다. 당신이 원하는 것을 정했다면, 그 모습을 상상하고 포기 없이 지속한다면 이룰 수 있습니다. 작심삼일 또 작심삼일 다시 작심삼일 이렇게 작심삼일 후 작심삼일을 더해가면 됩니다. 절대 포기하지 마세요. 여러분이 포기하는 순간 아무것도 이룰 수 없습니다. 그리고 스스로를 다독이며 누군가는 해낼 수 있겠지만 나는 아닌 것 같다고 스스로를 위안하고 포기하기 위한 변명을 만들지 마세요. 누군가가 해냈던 그것이 내가 아니면 아무소용이 없습니다. 자기 자신이 주인공이 되길 바랍니다. 당신이 그 주인공입니다.

이제 운동 실천목록과 식이 조절을 위한 수첩을 만들고 매일 기록하고 반복하면 됩니다.

처음부터 욕심을 부리면 스트레스가 쌓이고 스트레스는 모든 병의 근원이 되므로 천리 길도 한걸음부터 시작하는 마음으로 실천해 나가면 됩니다. 운동 시 관절이 아프다면, 운동을 잘못하고 있는 것입니다. 근육과 피부는 아플 수도 있습니다. 걱정하지 마세요. 쓰지 않는 근육을 써서 근육통이 올 수 있습니다.

WHO 기준 건강이란? 육체적 건강, 정신적 건강, 영적 건강이라고 합니다. 굳은 목표와 강한 의지만이 스트레스 없는 육체적 정신적 영적 건강을 만들어냅니다.

신경세포의 원활한 흐름을 위해 ① 물마시기, ② 음식을 드실 때는 천천히 꼭꼭 씹어 먹기, ③ 원활한 혈액순환을 위해서 코로 들이 마시고 입으로 내뱉는 호흡하기, ④ 기초대사량이 좋아질 수 있도록 칼로리 소비를 위해서 운동을 해야 합니다.

운동 시에는 워밍업을 통해 몸을 따뜻하게 해주어 상해를 입지 않도록 준비하고 본 운동을 합니다. 그리고 마무리는 호흡으로 몸을 이완시켜 주는 것이 이상적인 필라테스 실천법입니다.

인내를 통해 체력이 좋아지면 지구력도 좋아집니다. 근육의 크기가 커져야 기초대사 량이 늘어나고, 기초대사 량이 좋아지면 칼로리 소모가 많아지므로 지방이 쌓일 틈이 없습니다.

군살제거에 필라테스가 좋은 이유는 작은 근육들까지 움직이도록 하기 때문입니다. 기초대사량을 늘리세요. 필라테스를 통해서 기초대사량이 늘어납니다.

운동을 무리하게 하시면 안 됩니다. 절대로 무리하게 하지 마시고 할 수 있는 운동에서 10%만 더 하세요. 10번만 할 수 있다면, 11번을 하시면 됩니다. 매일 운동하세요. 하루도 그냥 보내지 마세요. 단 20분이라도 운동하세요. 그리고 실천목록에 빈칸이 없도록 하세요.

운동 횟수에 연연하지 마세요. 양보다 질이 중요합니다.

작은 수첩에 식이조절과 운동실천목록을 만들어서 매일 기록하고 체크하고 확인합니다.

1.　　년　　월　　일　　목표하는 나의 몸무게　　　Kg

2. 스트레칭(　　분)　필라테스(　　분)　호흡이완(　　분)

3. 식사량　　아침

　　　　　　　점심

　　　　　　　저녁

　　　　　　　　　하루 칼로리 합계

4. 몸무게　　아침　　　　Kg　　저녁　　　　Kg

5. 오늘의 컨디션

6. 내일 해야 할 일

① 물은 많이 마실수록 좋습니다.

② 식사량은 하루에 남자는 3000kcal, 여자는 2000kcal 정도 섭취해야 적절합니다.

③ 흉식호흡을 통해 폐활량이 좋아집니다.

④ 좋은 자세는 신체교정, 스트레스 해소, 콜레스테롤 낮춤, 노화방지에 도움이 됩니다.

내 몸 상태 알기

① 자가진단의 필요성

스스로 체크를 통해서 자신의 몸에 대한 정보를 수집해야 합니다. 대부분의 사람들은 몸이 아프면 일단 참아봅니다. 고통이 생기고 힘들어지고 아파져서 더 이상 버틸 수 없다고 판단했을 때 비로소 병원을 찾게 되고 의사의 처방으로 몸의 고통이 적어지거나 없어지면 병원에서 멀어지게 됩니다. 예전의 습관대로 살다가 또 다시 고통이 커지면 다시 병원으로 향하게 되는 악순환이 반복됩니다.

그래서 자기 몸 상태를 정확히 알고 있어야 몸 상태에 맞는 운동이 가능합니다. 자기의 몸 상태에 맞는 운동을 해주어야 상해 없이 건강한 상태를 유지할 수 있습니다.

② 내 몸 상태 알기 체크리스트

• 다리 체크

자 세	오른쪽 다리	왼쪽 다리
짝다리로 버티고 서는 다리는?		
신발의 굽이 많이 닳아 있는 쪽은?		
의자에 앉을 때, 꼬아 올리는 다리는?		
많이 붓거나 저리거나 쥐가 나는 다리는?		
한쪽 엉덩이가 아프다면, 그 다리는?		

– 3개 이상 나오는 쪽의 다리가 짧습니다.

나쁜 습관으로 골반이 어긋나기 시작합니다. 어긋난 골반 때문에 다리가 길어지거나 짧아집니다. 습관을 몇 가지만 바꿔도 어긋난 골반을 바로잡을 수 있습니다. 하지만 짧은 시간 동안에 바로잡을 수는 없습니다.

3개 이상 나오는 다리 쪽을 찾았다면, 그 다리가 짧아져 있는 다리입니다. 그렇다면 찾은 다리의 반대쪽이 길어져 있는 다리가 됩니다.

두 손을 깍지 끼워 잡아보고 위에 올라와 있는 엄지 쪽의 다리가 긴 다리 쪽입니다. 손깍지 끼우기를 오른쪽 엄지손가락과 왼쪽 엄지손가락이 위로 올라올 수 있도록 엇갈리게 깍지 끼우기 했을 때, 불편함이 크게 느껴질수록 골반의 밸런스가 오래 전부터 깨져있다는 것을 알려줍니다.

어긋난 골반 바로잡는 방법

- 버티는 다리를 긴 다리로 바꿉니다.
- 의자에 앉을 때 긴 다리로 꼬아 올립니다.
- 짧은 다리를 뒤로 보내는 운동을 합니다.
- 긴 다리를 가슴 앞으로 당겨주는 운동을 합니다.

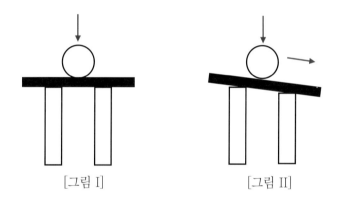

[그림 I]   [그림 II]

[그림 I]과 같이 두 다리의 길이가 같다면, 공을 가운데 올려놓았을 때 어느 쪽으로도 굴러가지 않고 정지되어 있을 것입니다. 즉, [그림 I]은 바른 골반을 갖은 사람의 상태입니다. 반면에 [그림 II]와 같이 다리의 길이가 다르다면, 공을 가운데 올려놓았을 때, 공이 굴러가는 방향이 생기므로 몸의 밸런스가 깨져서 짧은 다리 쪽으로 체중이 실리게 되어 짧은 쪽 다리에 신경이 눌려져 통증이 유발되는 좌골신경통이 생기거나 혈관이 눌려져 붓거나 저리거나 쥐가 많이 나기도 합니다.

몸의 균형이 맞으면 문제가 없습니다. 하지만 균형이 어긋나 있다면 그 균형을 맞추기 위해 노력을 해야 합니다. 균형 잡힌 몸매를 만들기 위해서 본인의 몸 상태를 정확히 알고 운동을 해야 몸의 밸런스가 좋아져 올바른 몸을 가질 수 있게 됩니다.

• 어깨 체크

자 세	오른쪽 다리	왼쪽 다리
바르게 서기 합니다. 높아 보이는 쪽의 어깨는?		

– 거울을 통해서 어깨 끝선을 보거나 등 뒤에서 누군가가 어깨 끝선을 배교해서 봐주는 것이 정확도를 높여줍니다.

• 척추측만 체크

자 세	오른쪽	왼쪽
다리 체크로 나온 다리는? 어깨 체크로 나온 어깨는?		

4가지 경우의 몸의 상태로 나뉩니다.

1. 오른쪽 다리, 오른쪽 어깨 → 척추측만이 S자 형태입니다.
2. 왼쪽 다리, 왼쪽 어깨 → 척추측만이 S자 형태입니다.
3. 오른쪽 다리, 왼쪽 어깨 → 척추측만이 C자 형태입니다.
4. 왼쪽 다리, 오른쪽 어깨 → 척추측만이 C자 형태입니다.

척추가 S자나 C자인 측만의 상태에도 사는데 지장이 없지만 계속되는 불균형한 몸 상태가 계속된다면 노후에 병증이 오게 되므로 운동으로 바른 몸 상태를 유지해 병증 예방을 하는 것이 바람직합니다.

바르게 척추를 곧게 세워 키가 커진다고 상상하시면서 사시는 것이 가장 중요한 척추측만을 바로 잡는 운동이 됩니다.

C자 형태로 척추측만을 갖고 있다면, 3번의 몸 상태를 가지신 분들은 오른손을 왼쪽을 향해 옆으로 늘리거나 기울여주는 운동을 많이 해주시면 교정이 가능합니다. 4번의 몸 상태를 가지신 분들은 왼손을 오른쪽을 향해 옆으로 늘리거나 기울여주는 운동을 많이 해야 교정이 가능합니다.

똑같은 횟수로 하는 좌우대칭운동보다는 3, 4번의 몸 상태를 가지신 분들은 오른쪽과 왼쪽의 운동을 다른 횟수로 운동합니다. 그리고 생활이 운동이 될 수 있도록 하세요. 일단, 호흡 먼저 바꿔주세요. 코로 들이마시고(IN), 입으로 내뱉는(OUT) 호흡으로 바꾸는 것이 변화의 첫걸음입니다.

다이어트 중 식이

운동만으로 체중을 조절한다는 것은 어렵습니다. 식이 조절 없이는 운동의 효과를 보기가 어려우므로 이제 식이 조절 방법에 대해서 말씀드리고자 합니다.

여성은 2,000kcal, 남성은 3,000kcal를 드시되 정시에 드시고 그 외의 음식은 섭취하지 않습니다. 식이 조절을 해야 체내에 지방이 쌓이는 것을 방지할 수 있으며, 적절한 영양을 고르게 섭취해야 요요현상 없이 다이어트를 할 수 있습니다.

섭취한 만큼 움직이면 체중은 유지되고, 섭취한 것보다 많이 움직이면 체중이 감소됩니다. 당연히 섭취한 것보다 적게 움직이면 체중은 증가하게 됩니다. 규칙적인 식사와 운동만이 체중조절의 답입니다.

 다이어트 중에만 식이조절을 해서 원하는 몸무게가 되었다고 해서 다시 먹기 시작하면 100% 요요현상이 옵니다. 요요현상을 2~3번 겪은 몸은 지방을 더욱 몸에 쌓이게 만들어서 다이어트에 더욱 치명적입니다.

절식은 지키고 할 수 있는 만큼만 줄이시기 바랍니다. 처음부터 무리하게 식이조절을 하면 지속적으로 하기에 무리가 갈 수 있으니 음식량을 조금씩 줄여나가세요.

요요현상이 오지 않는 다이어트를 위해서는 반드시 지킬 수 있는 만큼만 식사량을 줄이고, 저녁 9시 이후에는 음식물 섭취를 삼가합니다. 혹여 9시 이후에 음식물을 드셨다면 모두 소화된 후에 주무시기 바랍니다.

[칼로리 표]

■ 한식

음식이름	칼로리(Kcal)	음식이름	칼로리(Kcal)	음식이름	칼로리(Kcal)
갈비구이	550	불고기	300	애호박된장찌개	400
갈비탕	580	비빔냉면	500	어묵전골	440
곱창전골	500	비빔밥	580	우거지찌개	370
김치찌개	450	삼계탕	800	육개장	490
달걀프라이	98	설렁탕	460	참치찌개	460
된장찌개	390	순두부찌개	420	청국장찌개	480
물냉면	450	알탕	439	콩비지찌개	430

■ 일식

음식이름	칼로리(Kcal)
김초밥	360
대구매운탕	510
메밀국수	290
생선초밥	340
유부초밥	500
회덮밥	450

■ 중식

음식이름	칼로리(Kcal)
볶음밥	720
짜장면	660
짬뽕	540
탕수육	1780

■ 양식

음식이름	칼로리(Kcal)
돈가스	980
생선가스	880
안심스테이크	860
오므라이스	680
카레라이스	600
햄버그스테이크	900

■ 음료수/차

음식이름	칼로리(Kcal)
녹차	0
당근주스	32
두유	125
레몬차	59
블랙커피	0
사이다	100
수정과	267
식혜	238
실론티	30
야쿠르트	80
오렌지주스	92
요플레	120
우유	125
율무차	57
카페오레	57
카푸치노	95
캔커피	57
코코아	55
콜라	100
토마토주스	92
홍차	0

■ 패스트푸드

음식이름	칼로리(Kcal)
라면	500
치킨 1쪽	210
컵라면	300
피자	1120
햄버거	330

■ 빵/과자류

음식이름	칼로리(Kcal)
도넛	125
마늘빵 1조각	65
사탕	110
새우깡	440
소보로빵	200
소보로빵	200
식빵 1조각	102
아이스크림	100
애플파이	295
야채크로켓	310
양파링	470
에이스	810
초코빼빼로	175
초코파이	160
초콜릿	150
치즈케이크 1조각	400
케이크 1조각	181
크림빵	294
파운드케이크	230
팥빵	197
하드롤 1개	121

■ 분식

음식이름	칼로리(Kcal)
고기만두	340
김밥	480
김치볶음밥	630
돌냄비우동	550
돌솥비빔밥	730
떡볶기	482
비빔국수	450
사골만두국	420
수제비	410
야채김밥	520
오뎅	332
쫄면	458
쫄면볶음	450
참치김밥	570
치즈김밥	580
칼국수	460

■ 과일류

음식이름	칼로리(Kcal)
감	68
귤	24
바나나	80
배	204
사과	100
오렌지	46
자몽	110
키위	28
파인애플	174
포도	204

■ 떡류

음식이름	칼로리(Kcal)
가래떡	480
경단	46
백설기 1조각	250
송편(깨)	50
송편(팥)	55
시루떡 1조각	210
쑥개피떡	50
약식 1조각	250
인절미	50
절편	230
증편	210
찰시루떡 1조각	50
찹살모찌	120

■ 밥류

음식이름	칼로리(Kcal)
보리밥	300
쌀밥	300
오곡밥	300
잡곡밥	300
찰밥	370
콩나물밥	370
콩밥	300
팥밥	300
현미밥	300
흑미밥	300

CONTENTS

PART **02** 실전! 다이어트 필라테스

CONTENTS

S라인을 위한 **힐링 다이어트 필라테스**

Chapter 04 다이어트 고급 운동

필라테스(Pilates)란 창시자인 조셉 필라테스(Joseph H. Pilates) 이름에서 유래된,
동양의 요가와 서양의 스트레칭이 조합된 새로운 운동요법입니다.
바디 컨디셔닝 메소드로 테라피의 개념을 도입하여 고안된 운동요법으로
할리우드 스타들의 웰빙 운동법으로 각광받고 있습니다.
또한 자기 자신의 신체를 인지하여 마인드 컨트롤을 함으로써
신체의 전반적인 밸런스를 유지할 수 있습니다.
필라테스 운동으로 인체의 바른 선열을 유지할 수 있으며 신체의 구조와
기능적 향상을 가져다줌으로써 건강한 삶을 추구할 수 있도록 도와줍니다.

필라테스 첫걸음

Chapter 01

필라테스란?

필라테스 운동은 동양의 요가와 서양의 스트레칭을 더한 근력강화 운동요법입니다.

필라테스는 집중과 조절의 원리를 바탕으로 합니다.

집중은 조절의 능력을 향상시킵니다.

집중하며 반복된 동작을 통한 근육의 움직임은 뇌가 기억하고 있어 생각하는 상상의 동작을

완성시키는 것에 도움을 줍니다.

또한 필라테스 동작은 정확하고 바른 호흡의 훈련을 통해 이루어집니다.

각 동작의 리듬과 밸런스는 정확하고 바른 호흡에 의해 완성됩니다. 신선한 공기를 체내에

공급하고 체내에 유해가스 배출을 하도록 조절해 줌으로써 각 조직세포의 활성화와

근육의 움직임이 원활하도록 도와줍니다.

필라테스는 몸과 마음이 하나로 일치 되는 호흡법과 함께 하는 정신 집중 근력강화 운동법입니다.

"정신과 육체는 하나"
"최소의 노력으로 최대의 효과를 주는 필라테스"

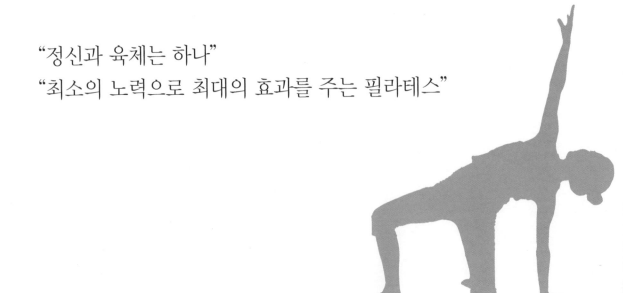

❶ 필라테스의 탄생

필라테스 운동은 독일의 조셉 필라테스(Joseph H. Pilates 1880-1967)에 의해 창안된 강한 정신 수련법, 호흡법, 근육 운동법입니다.

조셉 필라테스는 어릴 때부터 천식과 결핵, 류머티스열 등 잦은 병치레로 고생했습니다. 그리고 키도 작고 외소한 본인의 단점과 결점을 극복하기 위한 목적으로 모든 분야의 운동 방법을 접하게 되었습니다.

청년시절에는 다이빙과 스키, 요가, 체조, 권투 등 체력회복을 위한 방법에 많은 시간을 투자했고 다양한 운동을 통해서 본인의 몸이 건강하고 강해지는 것을 체험하게 되었습니다.

세계 1차 대전 당시 수용소의 부상당한 사람들에게 본인이 직접 해서 좋았던 운동방법을 접합시켜서 재활목적으로 여러 가지 효율적인 운동법을 만들어 가르치게 됩니다. 스스로 운동할 수 없는 환자들에게는 직접 고안해 낸 도구를 적용하여 운동을 시켜주기 시작했으며, 그곳에서 놀랄 만큼 건강이 회복되는 것을 발견하고 다른 수용소에서도 그의 도구를 이용하기도 했으며 조셉 필라테스는 재활에 필요한 여러 방법들을 연구하고 고안하게 됩니다.

필라테스 운동이 신체의 밸런스를 유지하고, 자세를 교정하며, 에너지를 충전함은 물론 면역력 향상과 정신건강에까지 도움을 준다고 생각한 조셉 필라테스는 사람들에게 전파하기 시작했고, 그 후 각 분야의 노하우와 장점만을 접합시켜 만든 운동요법이 바로 "필라테스"입니다.

조셉 필라테스는 1차대전 당시 미국으로 이주하는 배안에서 간호사 출신의 클라라를 만나 결혼하였습니다. 조셉 필라테스와 클라라는 함께 뉴욕에서 무용 스튜디오를 오픈하였고 필라테스 운동이 좀 더 인체에 맞도록 고안하고 연구하였습니다.

조셉 필라테스는 평생 동안 500개 이상의 운동방법을 개발하였고 수많은 제자를 육성하였습니다. 조셉 필라테스의 생전에는 '컨트롤로지(Contrology)'라고 불리던 운동을 조셉 필라테스 사후 제자들의 협의 하에 조셉 필라테스의 이름을 붙여 '필라테스'라고 부르기 시작하였습니다.

그 이후에 필라테스는 과학적이고 체계적으로 고안되기 시작하여 지금도 그 연구는 계속 이루어지고 있으며, 의사·간호사·물리치료사·무용가 등 모든 분야에서 이용되고 있습니다.

필라테스는 각종 통증치료와 재활, 아름다운 몸매를 만들기 위한 운동법으로 많은 사람들에게 큰 호응을 얻고 있습니다.

❷ 필라테스의 철학

육체적으로 단련시킨 몸의 이완을 통해 지치고 정체되어 있는 뇌세포에 활력이 생긴 혈액이 흐르게 되어 에너지를 생산하고, 동면상태의 사용하지 않은 근육을 인지하여 근력개발, 강화, 몸을 맑게 하는 호흡법, 절제된 유연성, 정신과 육체가 하나로 통합되어짐을 이루는 것이 그의 운동철학입니다.

- 건강한 신체 = 행복
- 몸과 마음의 균형
- 현대인의 이상적인 라이프 스타일 추구
- 육체적 · 정신적 피로와 스트레스 해소

❸ 필라테스의 장점

- 누구나 무리 없이 따라할 수 있습니다.
- 원하는 부위의 근육강화 효과가 큽니다.
- 바른 정렬을 통해 자세를 교정해 줍니다.
- 몸의 밸런스가 향상됩니다.
- 몸의 유연성이 향상됩니다.
- 아름답게 균형 잡힌 몸을 가질 수 있습니다.
- 스트레스 해소 및 활력을 강화시켜 줍니다.
- 몸의 치유력을 증가시켜 줍니다.
- 맑고 건강한 정신을 가질 수 있습니다.
- 통증이나 증상을 완화시켜 줍니다.
- 성인병을 예방할 수 있습니다.
- 심폐기능이 강화됩니다.
- 무너진 생체리듬을 바로잡아 줍니다.
- 근육의 긴장이 완화됩니다.
- 면역력이 강해지고 체력이 증진됩니다.

❹ 필라테스의 기본원리

● Breathing(호흡)

몸에 충분한 산소를 공급하려면 사이드 호흡(흉식호흡), 횡경막 호흡 즉 늑간근(갈비뼈 사이의 근육)을 사용하는 무리함이 없는 호흡을 해야 합니다.

횡격막은 내장기관과 폐의 경계에 위치한 근육막입니다.

필라테스 호흡은 횡경막 호흡으로, 흉식호흡법입니다.

스트레스가 쌓이거나 몸이 긴장되었을 때 깊게 숨을 들이쉬고 내쉬는 것만으로도 심신의 안정을 찾을 수 있으며 근육의 이완을 통해 신체의 통증이 감소하고, 교감신경이 안정되고 부교감신경이 활성화 되는 것을 볼 수 있습니다.

들이쉬는 호흡에 근육은 수축하고 내뱉는 호흡에 근육이 이완됩니다.

이렇듯 필라테스 호흡법은 평소생활에서도 매우 효과적인 호흡으로, 호흡만으로 좋은 상태의 컨디션을 만들어줍니다.

산소공급   유해가스 배출

코로 들이마시고 ⟶ 입으로 내쉬고 ⟶ 원활한 혈액순환 =
- 건강한 자세 유지
- 요통 예방

● Concentration(집중)

필라테스는 고도의 집중력을 필요로 합니다.

늑골(갈비뼈), 골반, 척추를 인지하면서 동작 하나 하나의 움직임을 정확하게 하기 위해서는 근육과 관절에 대한 집중력을 가져야 합니다.

올바른 동작으로 잘못된 자세가 교정 되며 원하는 부위의 근육의 단련과 유연성에 도움이 되므로 동작 하나 하나에 집중을 해야 합니다. 만약 운동을 하면서 "이번 주말에는 무엇을 할까?" 하고 운동 외에 다른 생각을 하면서 움직인다면(집중력이 떨어지면 동작은 하나의 행위에 지나지 않습니다.) 효과는 크게 감소합니다.

움직임에 집중은 근육의 단련, 골격의 교정뿐만 아니라 뇌 발달과 뇌 기능 향상에도 많은 도움이 됩니다.

● Centering(중심)

복부, 허리, 골반 주변에 있는 근육들을 '파워하우스(코어)'라 하는데 필라테스에서는 이곳을 몸의 중심으로 보고 이곳을 단련하는 것이 매우 중요한 의미를 가집니다.

잘못된 몸의 움직임은 중심을 잃고 변형된 몸을 만들 수 있습니다.

필라테스 운동의 중요한 요소 중 하나가 중심입니다.

모든 운동에서 단전=복부=파워하우스를 강화시키는 것은 몸의 균형 감각이 좋아지고 몸의 중심이 바른 상태로 자리 잡으면 팔다리도 잘 제자리에 바르게 자리 잡게 되므로 중심을 강화하는 것이 중요합니다.

● Control(조절)

근육을 자신이 원하는 대로 조절할 수 있도록 훈련하는 과정이 중요한 요소 중 하나입니다.

조절의 원리는 균형감각을 높이는 것입니다.

자기 스스로 자신의 몸을 조절하게 되면 전문 운동선수들은 부상의 위험에서 벗어날 수 있고 동작의 완성을 높일 수 있습니다. 일반인들은 조절능력이 향상되면서 감각이 회복되고 기혈순환이 잘 되어 건강을 유지하거나 회복하는데 많은 도움이 됩니다.

몸을 조절할 수 있다는 것은 내 몸을 내 마음대로 움직일 수 있다는 것이고 그렇다면 건강에 문제가 생기는 일이 없다고 보아도 틀리지 않습니다.

● Precision(정확성)

10번의 잘못된 운동동작을 하기보다는 1번의 정확한 운동동작이 근육에 효율적입니다. 필라테스 운동은 운동의 횟수보다는 정확성을 요구하는 운동입니다.

 – 바르게 눕기
 – 바르게 앉기
 – 바르게 서기
 – 바르게 걷기
 – 바른 몸 상태 인지
 – 바른 운동방법 인지

이러한 정확한 동작을 통해서 올바른 체형을 유지하게 되며, 잘못된 자세로 인한 통증으로부터 벗어날 수 있습니다.

● Flowing Movement(유연성)

필라테스에서 유연성은 지속성으로 극대화됩니다.

호흡법과 함께 동작의 유연함은 몸의 에너지를 계속적으로 생성하며 유지하게 해줍니다.

필라테스는 호흡, 집중, 중심, 조절, 정확성의 상호작용으로 물 흐르듯이 유연함을 유지하면 우리 몸은 놀랄 만큼 변화됨을 느낄 것입니다.

동작이 끊어진다면 움직임이 부드럽지 못하거나 집중력 없는 운동이 되고 흐름이 깨져 유연함의 극대화를 이끌어 내지 못하므로 물 흐르듯 자연스럽게 움직임을 한다면 몸의 경직됨은 있을 수 없습니다.

경직은 유연함을 막습니다. 부드러운 이완된 상태라면 최상의 컨디션을 유지하는데 도움이 됩니다.

❺ 필라테스의 목표

- 강력한 파워하우스(코어, 복부) 발달
- 근력강화와 유연한 관절
- 자세 교정
- 능률적인 운동 패턴

- 정신과 육체의 하나됨
- 안전한 운동
- 최소의 노력으로 최대의 효과
- 상해 방지 및 재활

❻ 필라테스의 효과

- 목적
  - 체형의 밸런스
  - 체계적 호흡
  - 바른 척추
  - 평평한 복부
  - 날씬하고 강한 허벅지
- 결과
  - 체력 단련
  - 만성 통증 해소
  - 신체의 컨트롤 강화

- 결말
  - 근력 강화
  - 조화로운 신체
- 미래 전망
  - 파워하우스 에너지
  - 핵심 근육 운동(코어)

❼ 필라테스의 다양한 프로그램

- 체형 교정 필라테스
- 성장 / 키즈 필라테스
- 실버 필라테스
- 카이로 필라테스
- 테이핑 필라테스

- 골다공증 필라테스
- 산전 필라테스
- 산후 필라테스
- 다이어트 필라테스
- 재활 필라테스

필라테스의 호흡과 자세

① 필라테스의 호흡

1. 코로 들이마신다(**IN**) – 1가지
1-1 늑골(늑간근, 갈비뼈 사이 근육)이 양옆으로 벌어지면서 좌우 앞뒤로 넓어진다고 상상합니다(3D 입체적인 움직임).

2. 입으로 내뱉는다(OUT) – 3가지
2-1 넓혀졌던 갈비뼈 늑골이 좁아진다고 상상합니다.

2-2 배꼽이 등 쪽으로 붙는다고 상상합니다.

2-3 괄약근 운동하듯이 골반저근을 다 같이 조여 줍니다(하복근이 운동하는 느낌이 듭니다.).

3. 코로 들이마시고 입으로 내뱉는 편안한 호흡(**IN**&OUT)

> | 참고 |
> • 들이마실 때 키가 커진다고 상상하고 내뱉는 호흡에 키가 더욱 커진다고 상상하며 호흡합니다.
> • 과호흡이나 심호흡을 하지 말고 본인의 호흡 시간에 맞추어 적당히 무리하지 않게 호흡합니다.
>
> | 주의 |
> 과호흡, 심호흡은 어지럼증, 메슥거림, 구토, 두통 등을 유발할 수 있습니다. 만약 그런 증상이 있다면, 과호흡, 심호흡을 했기 때문이니 편안한 본인의 호흡을 하면, 증상이 없어집니다. 본인 호흡 템포에 맞추어 편하게 호흡하시는 것이 필라테스 호흡입니다.

호흡연습 시 갈비뼈의 움직임을 인지할 수 있도록 타월을 이용하여 연습을 하면 좋습니다. 사진처럼 가슴아래 갈비뼈의 부위를 타월로 감싸 타월의 끝자락을 X자형으로 교차하여 손등이 천장을 향하도록 하여 잡고 들여 마실 때(**IN**)는 살짝 팔의 힘을 풀어주어 갈비뼈를 좌우로 넓게 팽창시키고 입으로 내쉴 때(OUT)는 양 쪽 팔을 서로 당겨주어 갈비뼈를 더욱 조여 줍니다.

이런 식으로 연습하면 상상으로 늑골(갈비뼈)을 움직일 때보다 더 많이 더 크게 움직일 수 있고 움직임을 느끼기도 쉽습니다.

타월이 없어도 혼자 늑골(갈비뼈)의 움직임이 느껴지실 수 있도록 연습합니다.

[호흡법]

❷ 필라테스의 바른 자세

필라테스 운동에서 호흡과 동시에 가장 중요한 것이 바른 자세입니다. 바르지 못한 자세가 지속되면 몸의 밸런스가 깨지며 통증으로 연결되고 지방축적의 원인이 됩니다.

필라테스에서 이야기하는 바른 자세란 옆모습이 귀의 반, 어깨의 반, 복숭아 뼈가 일직선상에 있도록 하고 서거나 귀의 반, 어깨의 반, 엉덩이뼈(좌골)가 일직선상에 있도록 앉는 것입니다.

여기서 알려주는 바른 자세가 불편하고 힘들 수도 있지만, 바른 정렬을 갖게 되어 통증과 병증을 예방함과 동시에 군살제거에도 도움이 될 수 있으므로 평상시에 바른 몸의 상태를 유지할 수 있도록 노력합니다.

1. 바르게 눕기

꼬리뼈 바닥에 살짝 내려 골반을 바르게 합니다. 머리 정수리 꼭지점, 꼬리뼈 꼭지점에 일직선을 그어 척추가 좌우 대칭이 되도록 눕습니다. 이 때, 목과 허리는 살짝 바닥에서 떠 있고 머리 뒤통수, 가슴뒤쪽 등과 엉덩이가 바닥에 붙어있는 상태를 말합니다(자연스러운 자세).

[운동준비자세]

무릎을 구부린 상태로 발바닥은 11자형이 되도록, 발의 넓이는 골반의 넓이 정도를 유지, 무릎과 무릎 사이는 주먹이 들어갈 정도의 공간을 만들어줍니다.

발바닥 11자 모양이란 무릎을 세운 상태에서 발뒤꿈치의 바깥라인과 새끼발가락 바깥라인이 일직선이 되도록 하는 것을 말합니다.

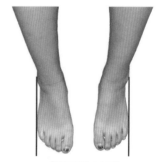

[발모양 11자]

2. 바르게 앉기

앉은 자세에서 중요한 사항은 바른 자세의 기준점을 아는 것입니다.

귀 뒤 아래의 작은 뼈를 느껴보고 엉덩이의 좌골을 느껴봅니다.

귀 뒤의 연골뼈에 꼭짓점, 좌골에 꼭짓점을 상상으로 옆에서 찍어 놓은 지점에 자를 대어 일직선을 그리고 그 일직선 안에서 몸이 바르게 세워지도록 합니다.

"머리 정수리가 길어진다."고 "키가 커진다."고 상상합니다.

턱선과 바닥의 선이 평행이 되도록 하고 시선은 정면을 바라봅니다.

벽과 바닥에 모서리 부분에 엉덩이를 밀어 넣어주어 밀착한 후, 등을 벽에 기대고 머리뒤통수를 벽에 붙여 벽에 붙어져있는 등의 모양을 느껴봅니다.

앉을 때 배와 가슴을 내밀거나 상체가 기울어지지 않도록 합니다.

바르게 앉으면 척추의 유연성이 좋아지고 키가 커지는 효과가 있으며, 요통 예방과 복근운동이 됩니다.

[정면]　　　　　　　　　　　　　　　[귀 뒤 아래의 작은 뼈]

[엉덩이뼈 인지를 위한 움직임]

3. 바르게 서기

바르게 눕기와 바르게 앉기 자세의
상체 모습과 같아야 합니다.

발의 모양이 11자 모양이 되도록 하
되 고관절(골반에 허벅지 대퇴골이
끼워져 있습니다. 발을 굴렀을 때 제
일 많이 움직여지는 부분)과 무릎 중
앙과 두 번째 발가락이 일직선상에
있도록 합니다.

발바닥의 모양은 발뒤꿈치 바깥 라인
과 새끼발가락 바깥라인이 1자의 모
양을 갖도록 합니다.

[앞]   [옆]

4. 골반 바로 세우기

바르게 섰을 때의 골반모양은 다음과 같습니다. 바지 지퍼를 올릴 때처럼 상상하며 골반을 바로
세워줍니다. 허리는 일직선이 되도록 배는 가슴으로 끌어올려 골반을 바르게 세워줍니다. 복근이
운동되고 허리근력이 좋아집니다.

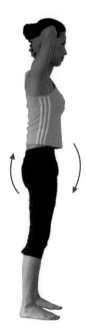

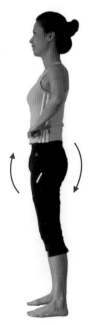

[엉덩이 빼기]   [골반 올리기]   [엉덩이 빼고]   [엉덩이 당기고]

통아저씨가 춤추듯이 골반만 튕겨 올려줍니다.

바지 지퍼를 올릴 때처럼 골반을 올려줍니다.

5. 어깨의 바른 정렬 자세(견갑골 내리기)

어깨와 귀의 거리가 항상 멀도록 합니다.

몸통의 움직임을 제한하고 어깨를 바닥을 향해 내려줍니다.

어깨는 양옆으로 내려줄 때, 배나 가슴이 앞으로 나가거나 뒤로 빠지지 않도록 복부의 힘을 유지합니다.

견갑골이 X자형으로 내려간다고 생각하며 어깨가 바닥을 향해 지긋이 내려줍니다.

목선과 어깨선이 예뻐지고 등살이 빠지고 가슴운동으로 유선이 촉진되는 효과도 있습니다. 견통이 예방
되고, 겨드랑이, 팔과 등의 군살이 빠지는 효과가 있습니다.

[견갑골]

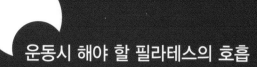

운동시 해야 할 필라테스의 호흡

- -

1. 코로 들이마신다(IN) – 1가지

① 늑골(늑간근, 갈비뼈 사이 근육)이 양옆으로 팽창되도록, 갈비뼈 늑골이 양옆으로 벌어지면서
  좌우 앞뒤로 넓어진다고 상상합니다(3D 입체적인 움직임).

2. 입으로 내뱉는다(OUT) – 3가지

① 넓혀졌던 갈비뼈 늑골이 좁아진다고 상상합니다.

② 배꼽이 등 쪽으로 붙는다고 상상합니다.

③ 괄약근 운동하듯이 항문, 요도, 질을 다같이 조여 줍니다(하복근이 운동하는 느낌이 듭니다.).

3. 코로 들이마시고 입으로 내뱉는 편안한 호흡(IN&OUT)

운동 동작 시 호흡을 다 지키려고 하면 동작에 집중하기 힘들어 질 수 있으므로 호흡의
구애 없이 편안한 호흡을 합니다.

PART **02**

실전! 다이어트 필라테스

001 맷돌 돌리기

5~10회

운동효과 ● 척추유연성/복근/척추 · 골반교정/복부탄력/내장비만예방 · 해소/내장기관정렬

1 IN&OUT 바르게 앉습니다.

Q사인
키 커진다고 상상하기
견갑골 조이기

2 IN&OUT 몸통을 오른쪽으로 밀어줍니다.

Q사인
오른쪽 왼쪽 엉구리 크게 움직이기

3 IN&OUT 등을 뒤로 밀어주고
상체를 인사하듯이 숙여 줍니다.

Q사인
어깨 긴장 빼기, 시선 배꼽 보기,
등은 길고 배는 좁아지게하기
골반눕히기

4   **IN&OUT** 왼쪽으로 몸통을 밀어줍니다.

5   **IN&OUT** 가슴, 배를 앞으로 내밀고 고개를
살짝 들어 올립니다.

6   오른쪽과 왼쪽 방향으로 맷돌 돌리듯 돌려줍니다(5~10회 정도).

002 트위스트

10~20회

운동효과 ● 척추유연성/복근/등살 빠짐/복부탄력

1 IN&OUT 두 팔을 어깨 높이까지 올려줍니다.

Q사인
키 커진다고 상상하기
손끝 길게 늘리기

2 OUT 오른쪽으로 몸통을 트위스트합니다.

Q사인
견갑골 조이기
팔만 돌리지 않기
몸통이 돌기
왼쪽 엉덩이 누르며
오른쪽으로 돌기

3 **IN&OUT** 왼쪽 엉덩이를 눌러주면서 **OUT** 오른쪽으로 한 번 더 트위스트합니다(5~10초).

등모양 일직선으로 하기
턱은 바닥과 평행하기
왼쪽 엉덩이 더 누르기

4 **IN** 제자리로 돌아와 왼쪽으로 트위스트합니다.

어깨와 손끝 높이 같기
키 커진다고 상상하기
턱 바닥과 평행하기

003 고양이 자세

10~20회

운동효과 ● 척추유연성/등살 빠짐/복근/상 · 하체근력

1 **IN&OUT** 엎드려 두 손은 어깨 넓이, 두 무릎은 엉덩이 넓이만큼 벌리고 손바닥과 무릎의 거리는 몸통의 길이정도로 만들어 줍니다. 이 때, 머리, 뒤통수, 등, 엉덩이가 평평한 테이블의 형태입니다.

2 **IN** 머리정수리와 엉덩이는 하늘을 향해 올려주고, 배는 바닥으로 떨어뜨려 줍니다(5~10초).

3 **OUT** 제자리로 돌아와 머리와 엉덩이는 바닥으로 떨구고 등을 하늘을 향해 올려주어 화난
고양이가 등을 세우듯이 최대한 올릴 수 있는 만큼 올려줍니다(5~10초).

Q사인
시선 배꼽 보기
어깨견갑골 조이기
몸통 앞뒤로 쏠리지 않게하기

004 사이드라잉

10~20회

운동효과 • 고관절유연성/힙업(Hip-up)/하체근력/복근/허리근력

1 오른쪽으로 누워 무릎을 가슴 앞으로 당겨주고 왼손은 가슴 앞에 놓고 팔꿈치를 세웁니다.

Q사인
견갑골 조이기
시선 정면 보기

2 **IN** 엉덩이 높이만큼 발목과 무릎을 올려줍니다.

Q사인
엉덩이, 무릎, 발목 평행하게 하기

3 **IN** 가슴으로 무릎을 당겨줍니다.

Q사인
허벅지 종아리 안쪽으로 테이블을 닦는 것처럼 싹싹하기

4 무릎과 발목이 엉덩이 높이를 유지한 상태로 **OUT** 뒤로 차줍니다(10~20회 정도).

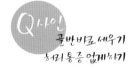

5 제자리로 돌아옵니다.

6 왼발 무릎을 내려줍니다.

7 왼쪽으로 누워 같은 방법으로 운동합니다.

참고

운동하는 발을 뻗은 상태로 하면 운동이 어렵습니다.
두 발을 뻗은 상태로 하면 운동이 어렵습니다.

005 렉써클

10~20회

운동효과 ● 고관절이완/무릎 · 고관절강화/복근/하체근력/팔 · 옆구리 · 등살 빠짐

1 **IN&OUT** 오른쪽으로 누워 무릎을 가슴 앞으로 당겨주고 왼손은 가슴 앞에, 팔꿈치는 세웁니다.

Q사인
견갑골 조이기
시선 정면 보기
머리에서 엉덩이까지 일직선으로 만들기

2 **IN** 왼발 무릎을 하늘 쪽으로 들고 **OUT** 무릎을 펴서 왼발 끝을 바닥에 찍고 **IN** 가슴을 향해 당겨줍니다.

Q사인
엉덩이와 몸통이 앞뒤로 흔들리지 않게 하기

Q사인
발을 누군가 당겨준다고 상상하기

Q사인
최대한 가슴 향해 올리기

3 **IN&OUT** 왼발 무릎으로 허공에 원을 그리고 왼발의 고관절과 무릎관절이 운동할 수 있도록 합니다.

Q 사인
견갑골 조이기
시선 정면 보기

4 **OUT** 왼발을 길게 뻗어줍니다.

Q 사인
엉덩이와 몸통이 흔들리지 않게하기
복부에 힘을 주며 운동하기

5 **OUT** 무릎을 하늘을 향하도록 하고 옆구리 쪽으로 당겨 올려줍니다.

Q 사인
최대한 큰 원 그리기

6 **IN** 무릎을 내려주어 고관절을 돌려줍니다.

7 **IN&OUT** 왼발을 시계방향과 시계반대방향으로 허공에 원을 그려줍니다.

8 반대방향으로 눕고, 오른발도 같은 방법으로 운동합니다.

참 고

돌리는 발을 뻗은 상태로 하면 운동이 어렵습니다.
원을 크게 그리면 운동이 어렵습니다.
원을 작게 그리면 운동이 쉽습니다.
두 발을 뻗은 상태로 하면 운동이 어렵습니다.

006 몸통 트위스트

10~20회

운동효과 • 팔근력/가슴/혈액순환/어깨관절유연성/등살 빠짐/척추유연성/복부탄력

1 옆으로 누운 상태로 두 팔을 뻗습니다.

Q사인
견갑골 조이기
시선 왼손 끝 보기

2 **OUT** 왼팔을 길게 더 앞으로 밀며 뻗어서 뒤쪽으로 내려줍니다. 몸의 긴장감 없이 편안하게 호흡합니다(20~30초 정도).

Q사인
전신 긴장 풀기
시선 왼손 보고 눈감고 있기
목부터 꼬리뼈까지 트위스트 될 수 있게 하기

3 **IN&OUT** 두 손을 좌우로 길게 늘였다가 왼손을 **OUT** 제자리로 돌아오게 합니다.

4 왼쪽으로 누워 같은 방법으로 운동합니다.

007 엎드려 발 뻗기

10~20회

운동효과 ● 하체근력/복근/힙업(Hip-up)/하체스트레칭/핼액순환

1 IN 엎드려서 두 손을 얼굴 앞에 겹쳐두고 이마를 손등 위에 올립니다.

골반 바로 세우기
견갑골 조이기

2 복부의 힘을 갖고 OUT 오른발을 길게 뻗어주어 하늘로 올립니다(10~20초).

골반 바로 세우기
허리 통증 없게하기

3 제자리로 돌아옵니다.

몸긴장 풀기

4 왼발도 같은 방법으로 운동합니다.

008 싱글 렉 킥

10~20회

운동효과 ● 복근/상 · 하체근력/힙업(Hip-up)/혈액순환

1 **IN&OUT** 엎드려 팔꿈치로 버티고 두 손은 모아 올립니다.

Q사인
견갑골 조이기
복부에 힘 주기
시선 손등 보기

2 **IN** 오른발 뒤꿈치를 엉덩이에 2회 정도 차 줍니다.

Q사인
머리정수리, 꼬리뼈 까지 시선 느낌, 발뒤꿈치 밀어차기

3　OUT 오른발을 길게 3~5초 뻗어 주고 내려줍니다.

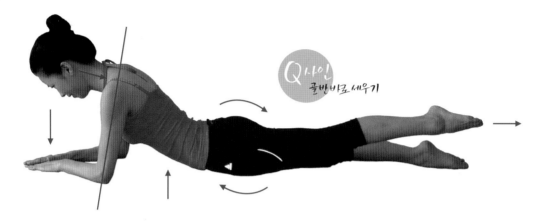

4　IN 왼발 뒤꿈치를 엉덩이에 2회 정도 차 줍니다.

5　OUT 왼발을 길게 3~5초 뻗어 주고 내려줍니다.

6　오른발도 같은 방법으로 운동합니다.

009 브릿지

10~20회

운동효과 ● 복근/힙업(Hip-up)/허리근력/하체근력/척추유연성

1 하늘을 향해 바르게 눕습니다.

Q 사인
키켜진다 상상하기
밸바닥 11자하기

2 **IN** 복부의 힘을 가지고 **OUT** 엉덩이→
허리→가슴 순서로 들어 올립니다.

Q 사인
골반 바로 세우기 하듯
엉덩이 들어 올리기
골반 바로 세우기
손끝은 발끝으로 길게 눌러주기
무릎과 무릎 사이는
주먹 하나 정도의 공간 주기
무릎 길게 발끝으로 밀어주기

3 **OUT** 배의 힘을 가지고 가슴→허리→엉덩이 순서로
내려줍니다.

010 피머 서클

10~20회

운동효과 ● 하체근력/관절유연성/혈액순환/복근

1 **IN**&**OUT** 바르게 누워, 두 발을
90도로 들어 올립니다.

Q사인
견갑골 조이기

2 **IN**&**OUT** 두 손을 무릎 위에 얹습니다.

3 **OUT** 왼발을 가슴으로 오른발을
바닥으로 내려줍니다.

Q사인
바닥에 등 밀착시키기
허리 공간없애기

4 OUT 무릎으로 크게 8자로 원을 그려줍니다.

Q사인
무릎으로 8자 모양을 그리듯이 교차해며 원 그리기

5 OUT 오른발을 가슴으로 왼발을 바닥으로 내려줍니다.

6 OUT 무릎으로 크게 8자로 원을 그려줍니다.

참고
무릎으로 원을 크게 그리면 운동이 어려워지고, 원을 작게 그리면 운동이 쉬워집니다.

011 발뒤꿈치 들고 내리기 Ⅰ

10~20회

운동효과 ● 허벅지 안·바깥쪽 근력/하체혈액순환/복근/힙업(Hip-up)/허리근력

1 **IN** 벽에 손을 지지하고 엉덩이 넓이의 보폭으로, 발바닥은 일직선인 상태로 섭니다.

Q사인
시선 정면 보기
골반 바로 세우기
키 커진다고 상상하기

2 **OUT** 두 발의 뒤꿈치를 들어주었다가 (10~20초) 제자리로 돌아옵니다.

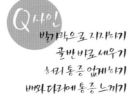

Q사인
발가락으로 지지하기
골반 바로 세우기
허리 통증 없게하기
배와 다리에 통증 느끼기

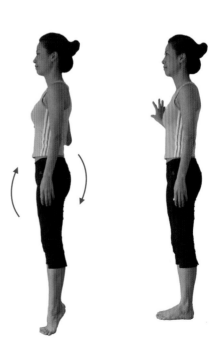

012 발뒤꿈치 들고 내리기 II

10~20회

운동효과 ● 허벅지 안쪽 근력/하체혈액순환/복근/힙업(Hip-up)/허리근력

1 **IN** 두 발의 뒤꿈치는 붙이고 발가락은 양옆으로
벌려서 'V'자 형의 발모양을 만듭니다.

2 **OUT** 두 발의 뒤꿈치를 최대한 들어 올려줍니다
(10~20초).

Q사인
골반 바로 세우기
키 커진다고 상상하기

3 발뒤꿈치를 내려 제자리로 돌아옵니다.

Q사인
발뒤꿈치를 들어 서고 붙어 있던
두 발뒤꿈치 떨어뜨리기

참고

중심 잡기가 힘들 수 있습니다. 벽에 손을 기대고 동작을 해주면 쉽습니다.
잘 할 수 있다면, 손으로 벽에 지지하지 않은 상태로 운동합니다.

013 발뒤꿈치 들고 내리기 Ⅲ

10~20회

운동효과 ● 휜 다리 교정/허벅지 안쪽 근력/하체혈액순환/복근/힙업(Hip-up)/허리근력

1 IN 두 발을 가지런히 붙여줍니다.

Q사인
골반 바로세우기
키커진다고 상상하기

2 OUT 발뒤꿈치를 최대한 들어 올립니다
(10~20초).

Q사인
허벅지, 무릎, 종아리, 발뒤꿈치 붙이기

3 발뒤꿈치를 내려 제자리로 돌아옵니다.

참 고

중심 잡기가 힘들 수 있습니다. 벽에 손을 기대고 동작을 해주면 쉽습니다.
잘 할 수 있다면, 손으로 벽에 지지하지 않은 상태로 운동합니다.

다이어트 초급 운동

014 멀메이드

10~20회

운동효과 • 척추유연성/등살 빠짐/복부탄력/상체혈액순환원활/복근

1 IN&OUT 바르게 앉아 두 팔을 펼쳐줍니다.

Q사인
견갑골 조이기
시선 정면 보기
어깨 높이만큼 손끝 평행하기

2 OUT 왼손을 바닥에, 오른손을 길게 늘려줍니다.

3 OUT 왼손으로 시선을 떨구고 오른손은 옆으로 기울여줍니다.

Q사인
왼쪽 엉덩이 바닥에 눌러주기
왼손을 길게하늘 향해 뻗기
시선 정면 보기

4 **OUT** 오른손은 하늘을 향해 올려 길게
뻗어줍니다.

5 **OUT** 오른손은 공을 던지듯이 앞으로
길게 뻗어줍니다.

Q사인
척추 트위스트 되게하기
등 길게 늘려지도록하기

6 왼손을 앞으로 돌려줍니다.

7 **OUT** 왼손의 왼손가락들이 앞으로 오른손을 왼팔의 안으로 깊게 집어넣으며 시선은 왼손 끝을 향합니다.

8 **IN&OUT** 왼손이 제자리로 돌아가고 **OUT** 오른손은 하늘을 향해 길게 뻗어줍니다.

9 제자리로 돌아와 왼쪽도 같은 방법으로 운동합니다.

015 쏘우

10~20회

운동효과 ● 복부탄력/척추유연성/옆구리 · 팔 · 다리 · 등살 빠짐/혈액순환/복근

1 IN&OUT 두 팔을 올리고 두 발을 벌려줍니다.

Q사인
손 어깨 높이만큼 올리기
시선 정면 보기
허리 곧게세우기
두 발뒤꿈치 밀어주기

2 OUT 왼쪽으로 몸통을 트위스트합니다.

3 OUT 상체를 숙여 팔을 길게 뻗어 줍니다(5~10초).

Q사인
시선 왼손 끝 보기
오른 손날과 왼발 바깥이 스쳐 지배하기

4 OUT 일어나 오른쪽 방향으로 운동합니다.

016 골반 굴리기 I

10~20회

운동효과 ● 척추유연성/허리 · 등 · 복부 · 팔 · 다리근력/탄력

1 **IN&OUT** 두 발은 엉덩이 넓이만큼 벌리고, 손을 허벅지에 얹어줍니다.

Q사인
시선 정면 보기
키 커진다고 상상하기
견갑골 조이기

2 **OUT** 골반을 눕혀주고 **IN&OUT** 두 손을 가슴 앞에 깍지를 끼워 줍니다.

Q사인
등 C자 모양으로 만들기
배의 힘으로 버티기
시선 배꼽 보기

3 **OUT** 오른쪽으로 몸통을 트위스트합니다.

Q사인
어깨 높이 맞추기
몸통 빨래짜듯이 돌려주기

4 제자리로 돌아와 허벅지 뒤에 손을 끼우고 상체를 바르게 세워 줍니다.

Q사인
시선 정면 보기
키 커진다고 상상하기
견갑골 조이기

5 왼쪽도 같은 방법으로 운동합니다(5~10회 정도).

017 쿼드랍패드

10~20회

운동효과 ● 관절유연성/몸의 밸런스 향상/상 · 하체근력/복근/엉덩이 힙업(Hip-up)

1 **IN&OUT** 엎드려 두 손은 어깨 넓이, 두
무릎은 엉덩이 넓이만큼 벌리고 손바닥과
무릎의 거리는 몸통의 길이정도로 만들어
줍니다. 이 때, 머리, 뒤통수, 등, 엉덩이가
평평한 테이블의 형태입니다.

Q사인
견갑골 조이기
골반 바로 세우기

2 **IN&OUT** 오른손을 올려줍니다
(10~20초).

Q사인
엉덩이와 어깨 위에 물컵이 놓여있다고 상상하기
등 모양이 흐트러지지 않도록하기

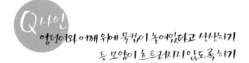

3 **OUT** 올렸던 오른손을 내려줍니다.

4 OUT 왼손을 길게 뻗어줍니다. OUT 제자리로 돌아옵니다(10~20초).

5 OUT 오른발을 길게 뻗습니다. OUT 제자리로 돌아옵니다(10~20초).

6 OUT 왼발을 길게 뻗어줍니다. OUT 제자리로 돌아옵니다(10~20초).

Q사인
엉덩이 놓이 맞추기
발 뻗기

7 OUT 왼손과 오른발을 동시에 뻗어줍니다. OUT 제자리로 돌아옵니다(10∼20초).

8 OUT 오른손과 왼발을 동시에 뻗어줍니다. OUT 제자리로 돌아옵니다(10∼20초).

9 OUT 오른손과 오른발을 동시에 올려줍니다. OUT 제자리로 돌아옵니다(10∼20초).

Q사인
엉덩이 높이 맞추기
발 뻗기

10 OUT 왼손과 왼발을 같이 뻗어줍니다. OUT 제자리로 돌아옵니다(10∼20초).

018 발바닥 보기

10~20회

운동효과 ● 복근/척추유연성/상 · 하체근력/힙업(Hip-up)

Q사인
겨갑골 조이기
골반 바로 세우기

1 **IN&OUT** 엎드려 두 손은 어깨 넓이, 두 무릎은 엉덩이 넓이만큼 벌리고 손바닥과 무릎의 거리는 몸통의 길이정도로 만들어 줍니다. 이 때, 머리, 뒤통수, 등, 엉덩이가 평평한 테이블의 형태입니다.

2 **OUT** 오른발을 90° 각도를 유지한 상태로 발바닥이 하늘을 향해 올려줍니다.

Q사인
배가바닥으로 꺼지지 않도록 하기

3 **IN** 오른발을 왼쪽으로 당겨주며 시선은 오른발바닥을 봅니다(10~20초).
OUT 제자리로 돌아옵니다.

4 왼발도 같은 방법으로 운동합니다.

019 몸통 돌려 하늘 보기

10~20회

> **운동효과** ● 척추유연성/복부탄력/어깨유연성/복근/옆구리 · 팔 · 등살 빠짐/견통예방/혈액순환

1 **IN&OUT** 엎드려 두 손은 어깨 넓이, 두 무릎은 엉덩이 넓이만큼 벌리고 손바닥과 무릎의 거리는 몸통의 길이정도로 만들어 줍니다. 이 때, 머리, 뒤통수, 등, 엉덩이가 평평한 테이블의 형태입니다.

Q사인
견갑골 조이기
골반 바로 세우기

2 **IN** 왼손을 구부리고 오른손을 왼손 바닥 아래에 완전히 넣어 얼굴의 오른쪽을 바닥에 눕혀줍니다.

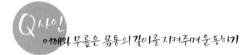
Q사인
어깨와 무릎은 몸통의 길이를 지켜주며 운동하기

3 **OUT** 왼손은 하늘을 향해 길게 뻗어주고 시선은 왼손 끝을 봅니다(10~20초).

4 **OUT** 왼손을 왼쪽 등 뒤로 최대한 보내줍니다(10~20초).

5 **OUT** 왼손을 하늘을 향해 다시 길게 뻗어줍니다(10~20초).

6 **IN** 왼손을 얼굴 앞에 내려놓고, **OUT** 상체를 일으켜서 제자리로 돌아옵니다.

7 왼쪽도 같은 방법으로 운동합니다.

020 무릎 들기

10~20회

운동효과 • 복근/등살 빠짐/하체근력/힙업(Hip–up)/혈액순환

1 **IN&OUT** 엎드려 두 손은 어깨 넓이, 두 무릎은 엉덩이 넓이만큼 벌리고 손바닥과 무릎의 거리는 몸통의 길이정도로 만들어 줍니다. 이 때, 머리, 뒤통수, 등, 엉덩이가 평평한 테이블의 형태입니다.

2 **OUT** 손바닥 자리에 팔꿈치를 내려 놓고 두 손을 깍지 끼워 잡아줍니다. **OUT** 두 발의 뒤꿈치를 세워줍니다.

Q사인
어깨견갑골 조이기
시선바닥 보기

3 **IN&OUT** 복부의 힘을 준 상태로 무릎을 1Cm 정도만 **OUT** 올렸다가 내려줍니다 (10~20초 정도).

Q사인
골반을 바로세우기

1cm

021 무릎 펴기

10~20회

운동효과 • 복근/등살 · 팔살 · 옆구리살 빠짐/상 · 하체근력/힙업(Hip-up)/하체스트레칭/가슴/혈액순환

1 **IN&OUT** 엎드려 두 손은 어깨 넓이, 두 무릎은 엉덩이 넓이만큼 벌리고 손바닥과 무릎의 거리는 몸통의 길이정도로 만들어 줍니다. 이 때, 머리, 뒤통수, 등, 엉덩이가 평평한 테이블의 형태입니다.

2 **IN&OUT** 손바닥 자리에 팔꿈치를 내려놓고 두 손을 깍지 끼워 잡아줍니다. **OUT** 두 발의 뒤꿈치를 세워줍니다.

3 **OUT** 무릎을 펴고 엉덩이는 하늘을 향하도록 합니다(10~20초).

Q사인
어깨 견갑골을 조이기
골반 바로 세우기
머리 편안하게 떨구기

022 다리 늘리기

10~20회

운동효과 ● 복근/등살 빠짐/상·하체근력/힙업(Hip-up)/혈액순환

1 **IN&OUT** 엎드려 두 손은 어깨 넓이, 두 무릎은 엉덩이 넓이만큼 벌리고 손바닥과 무릎의 거리는 몸통의 길이정도로 만들어 줍니다. 이 때, 머리, 뒤통수, 등, 엉덩이가 평평한 테이블의 형태입니다.

2 **IN&OUT** 손바닥 자리에 팔꿈치를 내려 놓고 **IN** 오른발을 길게 뻗어 **OUT** 오른발 끝이 바닥에 닿게 합니다.

3 **OUT** 오른발을 하늘을 향해 뻗어줍니다. 이 때, 복부에 힘을 갖습니다.

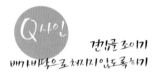

Q사인

견갑골 조이기
배가 바닥으로 쳐지지 않도록하기

배넣기

4 **OUT** 오른발을 바닥으로 내립니다.

5 왼발도 같은 방법으로 운동합니다.

023 다리 올리기

10~20회

운동효과 ● 복근/하체관절유연성/하체근력/혈액순환

1 **IN&OUT** 오른쪽으로 팔베개를 하고 눕습니다. 왼손을 가슴 앞에 놓고, 팔꿈치를 세우고 두 발을 길게 뻗어 발등을 세워줍니다.

Q사인
견갑골 조이기
시선 정면 보기
머리뒤통수와 엉덩이 직선되기
엉덩이와 발끝 15° 정도 사선되기

2 **IN** 왼발을 엉덩이 높이만큼 길게 뻗어 올려줍니다.

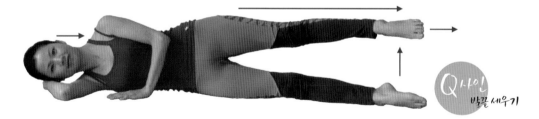

Q사인
발끝 세우기

3 **OUT** 오른발을 마저 올려주고 허벅지, 무릎, 종아리, 발뒤꿈치, 두 발이 다 붙을 수 있도록 합니다(10~20초).

Q사인
키가 커진다고 상상하기
발끝 길게 뻗기

4 두 발을 동시에 내려줍니다.

5 **OUT** 두 발의 뒤꿈치를 밀고 허벅지 뒤쪽이 스트레칭 될 수 있도록 합니다.

6 **IN** 왼발을 엉덩이 높이만큼 들어 올립니다.

7 **OUT** 오른발도 마저 같이 올려주어 허벅지, 무릎, 종아리, 발뒤꿈치를 붙여주고 뒤꿈치를 밀어 줍니다(10~20초).

8　OUT 두 발을 동시에 내려줍니다.

9　IN&OUT 두 발의 긴장을 풀어줍니다.

10　오른쪽 발도 같은 방법으로 운동합니다.

024 한 발씩 올리기

10~20회

운동효과 ● 복근/하체근력강화/하체혈액순환/허벅지안쪽근력

1 **IN&OUT** 오른쪽으로 누워 왼손을 팔꿈치를 세워 가슴 앞에 놓고 두 발은 길게 뻗어줍니다.

Q 사인
견갑골 조이기
키 커진다고 상상하기

2 **IN** 왼발바닥을 오른발 무릎 앞에 붙여 세워 줍니다.

Q 사인
오른발 뒤꿈치 밀기

3 **OUT** 오른발을 하늘을 향해 올려줍니다(10~20초).

Q 사인
시선 정면 보기
복부에 힘을 주어 몸통이 흔들리지 않도록하기
견갑골 조이기

4 OUT 오른발을 내려줍니다.

5 오른발을 하늘로 올리고 내리기를 8회 정도 한 후에 10~20초 정도 들고 머물러 줍니다.

6 OUT 오른발을 내려줍니다.

7 두 발을 길게 뻗어 내리고 쉽니다.

8 오른발도 같은 방법으로 운동합니다.

025 싱글 렉 킥

10~20회

운동효과 ● 하체근력/복근/힙업(Hip-up)/무릎관절생성/하체스트레칭/혈액순환

1 **IN** 엎드려서 두 손을 얼굴 앞에 겹쳐두고 이마를 손등 위에 올립니다.

Q사인
견갑골 조이기
골반바로 세우기
배꼽 등에 붙이기
키 커진다고 상상하기

2 **IN** 오른발로 엉덩이를 향해 두 번 차줍니다.

3 **OUT** 오른발을 길게 뻗어 늘려줍니다(10~20초).

4 제자리로 돌아옵니다.

Q사인
견갑골 조이기
골반바로 세우기
배꼽 등에 붙이기
키 커진다고 상상하기

5 왼발도 같은 방법으로 운동합니다.

026 싱글 스트렝스 렉 스트레치

10~20회

운동효과 ● 복근/하체스트레칭/혈액순환/팔근력

1 **IN&OUT** 하늘을 향해 바르게 눕습니다.

Q사인
커진다고 상상하기
손끝은 발끝 향해 늘리기
견갑골 조이기

2 **OUT** 오른발은 하늘로 올려 뻗어줍니다.

Q사인
견갑뼈를 바닥에 내리기

3 **IN** 두 손으로 발을 잡아줍니다.

Q사인
시선 정강이 보기

4 **OUT** 오른발은 가슴으로 당겨주며 상체를
가슴까지만 들어 올려줍니다(5~10초).

Q사인
복부에 힘 주기
바닥에 누르기
시선 무릎이나 흉쇄골 보기
어깨 견갑골 내리기
등이 길어진다고 상상하기

5 왼발도 같은 방법으로 운동합니다.

027 헌드레드 I

10~20회

운동효과 ● 복근/혈액순환/어깨관절유연성/팔 · 겨드랑이 · 등살 빠짐

1 **IN&OUT** 하늘을 향해 바르게 눕습니다.

Q 사인
키커진다고 상상하기
견갑골 조이기
손끝은 발끝 향해 늘리기

2 **OUT** 두 팔을 발목까지 살짝 들고 상체를 일으켜 세워줍니다.

Q 사인
복부 힘 주기
등 바닥에 눌러주기
두 손끝 복사뼈 정도 올려주고 길게 늘리기
견갑골 조이기

3 두 팔을 위아래로 **IN** 5회, **OUT** 5회씩 흔들어줍니다(100번).

Q 사인
어깨 견갑골 조이기, 시선 무릎과 무릎 사이 보기

4 상체를 내리고 쉬어줍니다.

028 브릿지 Ⅱ

10~20회

운동효과 • 복근/힙업(Hip-up)/허리근력/하체근력

1 하늘을 향해 바르게 눕습니다.

Q사인
키 커진다고 상상하기
견갑골 조이기
손끝은 발끝 향해 늘리기
무릎과 무릎 사이 주먹 하나 정도 공간 주기

2 IN 복부의 힘을 가지고 OUT 엉덩이→허리→가슴 순서로 들어 올립니다.

Q사인
골반 바로 세우기
무릎과 무릎 사이 주먹 하나 정도 공간 주기
무릎을 발끝으로 밀어주기

3 IN 손바닥으로 엉덩이를 지지해 높이를 유지될 수 있도록 도와줍니다.

Q사인
무릎과 무릎 사이 공간이 벌어지거나
좁아지지 않도록 하기

4 **OUT** 두 발의 뒤꿈치를 들어 올립니다.

Q사인
골반 바로 세우기
뒷꿈치 최대한 올리기

5 **IN** 두 발의 뒤꿈치를 내립니다(10~20회 정도).

Q사인
턱을 살짝 들어 목에 주름이 생기지 않도록 하기
엉덩이 떨구지 않기

6 **OUT** 두 발의 발가락 쪽을 들어 올립니다. 즉, 발뒤꿈치로 지지합니다.

Q사인
발가락쪽 최대한 올리기

7 IN 두 발을 내립니다.

8 IN&OUT 두 손을 바닥에 내려줍니다.

9 OUT 엉덩이를 내려줍니다(가슴→허리→엉덩이 순서로).

029 싱글 렉 스트레치

10~20회

운동효과 • 복근/상 · 하체근력/관절생성/팔 · 겨드랑이 · 등살 빠짐/혈액순환

1 IN&OUT 바르게 눕습니다.

Q사인
키 커진다고 상상하기
견갑골 조이기
손끝은 발끝 향해 늘리기

2 OUT 두 발을 들어 올립니다.

Q사인
복부에 힘을 주고 한발씩 들어올리기

3 OUT 오른발 무릎을 접어 가슴을 향하게 하고, 두 손을 오른 무릎 위에 얹고 왼발을 길게 뻗어줍니다.

Q사인
어깨 견갑골 조이기
등 바닥에 밀착시키기
시선 오른쪽 허벅지 보기

4 **IN&OUT** 왼발 무릎을 접어 올려 가슴을 향하게 하고, 두 손은 왼 무릎 위에 얹고 오른발을 길게 뻗어줍니다.

5 **IN&OUT** 두 발을 번갈아가며 운동합니다(10회).

6 **OUT** 두발을 가슴으로 당겨 올려줍니다(5~10초).

7 내려와 편하게 쉽니다.

참고

발의 각도가 클수록 운동이 어려워집니다. 허리가 아프지 않을 정도로 운동합니다.
복부의 힘이 약하면 허리에 통증이 유발될 수 있습니다. 두 무릎을 구부리고 운동하면 운동이 쉽습니다.
구부러진 무릎을 펴서 운동하면 운동이 어려워집니다. 상체를 올리지 않고 운동을 하면 쉽습니다.

030 전신 트위스트

10~20회

운동효과 ● 척추유연성/등살 빠짐/혈액순환/복근/어깨관절유연성/팔근력/상ㆍ하체스트레칭

1 **IN** 두 발을 엉덩이보다 넓은 보폭으로 바르게 섭니다.

Q사인
견갑골 조이기
키커진다고 산산하기

2 **OUT** 두 손을 어때 높이만큼 올려서 뻗어줍니다.

Q사인
시선 정면 보기
골반 바로 세우기
두 팔 길게 늘려주기

3 **IN** 엉덩이를 뒤로 빼고
상체의 구부림 없이
OUT 그대로 90° 정도
내려줍니다.

Q사인
견갑골 조이기
시선 정면 보기
허리 구부러지지 않도록하기

4 **OUT** 오른손으로 왼발을 잡고 왼손을
하늘을 향하도록 쭉 펴줍니다.

Q사인
시선 왼손 끝 보기, 엉덩이를 뒤로 쭉 빼서
허리가 구부러지지 않도록 하기
허리가 구부러지지 않는 선까지 상체를
앞으로 기울이기

5 제자리로 돌아옵니다.

6 왼쪽도 같은 방법으로 운동합니다.

참고

상체를 많이 내리지 못하는 분은 무릎이나 허벅지를 잡아도 됩니다.

Chapter *03*
다이어트 중급 운동

031 하늘 찌르기 Ⅰ

10~20회

운동효과 ● 복근/힙업(Hip-up)/혈액순환/상 · 하체근력/옆구리 · 등살 빠짐/견통예방/어깨관절유연성

1 IN&OUT Z자로 앉습니다.

2 IN&OUT 두 팔을 뒤로 내려놓고 시선은 왼발을 봅니다.

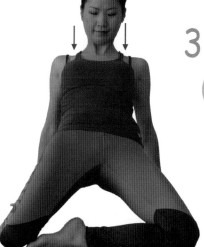

3 OUT 엉덩이를 들어 올립니다(5~10초).

4 엉덩이를 내려줍니다.

032 하늘 찌르기 Ⅱ

10〜20회

운동효과 ● 복근/힙업(Hip-up)/혈액순환/상 · 하체근력/옆구리 · 등살 빠짐/어깨관절유연성

1 **IN&OUT** Z자로 앉습니다.

2 **OUT** 왼손은 뒤로 내려놓고 오른손을 앞으로 뻗어 엉덩이를 올려줍니다.

Q사인
시선 손끝 보기
왼쪽 견갑골 조이기

3 **IN&OUT** 손은 하늘을 향해 뻗어줍니다(5〜10초).

Q사인
시선 오른손 끝 보기
왼쪽 견갑골 조이기
골반 바로 세우기

4 **OUT** 엉덩이를 내려줍니다.

5 반대 방향도 같은 방법으로 운동합니다.

033 바디 트위스트

10~20회

운동효과 ● 척추유연성/관절생성/복근/상 · 하체근력/골반교정/옆구리 · 등살 빠짐

1 IN&OUT 두 팔을 바닥에 짚고 두 발을 뻗어줍니다.

2 IN&OUT 왼발바닥을 오른발 무릎 바깥쪽에 놓습니다.

Q사인
견갑골 조이기
가슴 펴기

3 OUT 왼발무릎을 오른쪽으로 내립니다(5~10초).

Q사인
시선 왼손끝 보기
왼발무릎 바닥에 누르기

4 반대방향도 같은 방법으로 운동합니다.

034 어시스트 롤업

5~10회

운동효과 ● 상 · 하체근력/복근/혈액순환/척추유연성/골반유연성/등마사지/팔 · 겨드랑이 · 등살 빠짐

1 **IN&OUT** 무릎을 세우고 바르게 앉아, 허벅지에 손바닥을 얹어줍니다.

Q사인
시선 정면 보기
허리 곧게 세우기
팔꿈치 들기
견갑골 조이기

2 **OUT** 복부의 힘으로 상체를 엉덩이→허리→등→어깨→머리 순서로 내려줍니다.

Q사인
시선 배꼽 보기
골반 굴리기
견갑골 조이기

3 OUT 발끝을 바닥을 향해 복부의 힘으로 머리→어깨→등→허리→엉덩이 순서로 올라갑니다.

4 제자리로 돌아와 허리 세워 앉습니다.

035 롤링

10~20회

운동효과 ● 상 · 하체근력/복근/혈액순환/척추유연성/등마사지효과/밸런스향상/척추교정효과

1 **IN&OUT** 무릎을 세우고 두 팔로 발목을 교차하여 잡아줍니다.

Q 사인 골반을 돌려주듯이 내려서 등을 커브 모양으로 만들기
시선 배꼽 보기, ① → ② → ③ 순서로 내려가기

2 **IN&OUT** 몸을 굴려 내려갑니다.

Q 사인 요람처럼 흔들어주듯이 운동하기

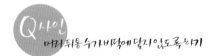

3 **IN&OUT** 더 굴려 내려갑니다.

Q 사인 머리 뒤통수가 바닥에 닿지 않도록하기

4 **IN&OUT** 몸을 굴려 올라옵니다.

Q사인
발끝이 바닥에 붙지 않기

5 **IN&OUT** 굴려 내려갑니다.

6 **IN&OUT** 굴려 올라옵니다.

참고

굴리기를 매트 위에서 시도했다면, 쉬지 않고 굴리기를 20회 정도 후에 시작했던 자리에서 끝난다면 척추골반이 바른 상태이지만 매트에서 제자리가 아니라면 척추골반이 어긋나 있는 상태입니다. 이 운동을 많이 하시면 척추가 골반의 밸런스가 맞아지는데 좋습니다.

036 상체 올려 발 교차하기

10~20회

운동효과 ● 하체유연성/복근/팔근력/혈액순환/척추유연성/겨드랑이 · 등 · 팔살 빠짐

1 **IN&OUT** 하늘을 향해 바르게 눕습니다.

Q사인
키커진다고 상상하기
견갑골 조이기

2 **IN** 오른발은 하늘로 올려 뻗어 두 손으로 종아리를 잡고 당겨주고, **OUT** 왼발은 바닥에 길게 뻗어줍니다.

Q사인
견갑골 조이기
시선 무릎이나 천장지 보기
최대한 당겨주기

Q사인
발을 교차할때, 복부의 힘을 잘 주어
몸통의 움직임이 없도록 하기

3 **OUT** 왼발을 가슴으로 당겨줍니다.

4 두 발을 교차하면서 운동합니다.

5 두 무릎을 가슴으로 당겨줍니다.

6 제자리로 돌아옵니다.

037 헌드레드 Ⅱ

10~20회

운동효과 ● 복근/혈액순환

1 하늘을 향해 바르게 눕습니다.

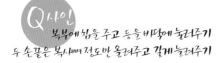
키 커진다고 상상하기
견갑골 조이기
손끝은 발끝 향해 늘리기

2 **IN** 두 팔을 살짝 들고 **OUT** 가슴정도까지만 상체를 일으켜 세워줍니다.

복부에 힘을 주고 등을 바닥에 눌러주기
두 손끝은 복사뼈 정도만 올려주고 길게 늘려주기

3 **IN** 오른발 무릎을 그대로 올려줍니다.

어깨 견갑골 조이기
시선 무릎과 무릎 사이 보기

4 OUT 왼발도 올려줍니다.

5 IN 왼발을 하늘로 뻗어줍니다.

6 오른발도 하늘로 뻗어줍니다.

어깨 견갑골 조이기
시선 배꼽이나 허벅지 안쪽 보기

7 OUT 두 발을 살짝 바닥 쪽으로 내려줍니다.

Q사인
허리가 바닥에서
떨어지지 않도록 하기

8 발끝을 세워줍니다.

9 OUT 발뒤꿈치를 밀어줍니다.

Q사인
등을 바닥에 밀착시키기

10 발뒤꿈치를 붙이고 발가락 쪽은 띄워 'V'자형 발바닥 모양으로 발끝을 세워줍니다.

11 'V'자형 모양으로 **OUT** 발뒤꿈치를 밀어줍니다.

12 **OUT** 두 발을 가슴으로 당겨 올려줍니다(5~10초).

13 제자리로 돌아옵니다.

참 고

두 발을 바닥을 향해 많이 내려주면 운동은 힘들어 지고, 바닥으로 덜 내려주면 운동이 쉬워집니다.
무릎을 접은 상태로 하면 운동이 쉬워집니다.
상체를 올리지 않고 하면 운동이 쉬워집니다.

038 브릿지 Ⅲ

10~20회

운동효과 ● 복근/힙업(Hip-up)/허리근력/하체근력/혈액순환/척추유연성

1 하늘을 향해 바르게 눕습니다.

시선 정면 보기
견갑골 조이기

2 **IN** 복부의 힘을 가지고 **OUT** 엉덩이→허리→가슴 순서로 들어 올립니다.

골반 바로 세우기
손끝은 발끝으로 길게 늘려주기
무릎과 무릎 사이는 주먹하나 정도의 공간 주기
무릎을 길게 발끝으로 밀어주기

3 **IN** 오른발을 그대로 들어 올립니다.

90°

4 **OUT** 오른발을 길게 하늘로 뻗어줍니다.

Q사인
엉덩이를 떨어뜨리지 않기

5 그 상태에서 **IN** 발뒤꿈치를 밀어줍니다.

6 그 상태에서 다리를 사선으로 내려줍니다.

Q사인
엉덩이 떨구지 않기
견갑골 조이기
골반 바로 세우기

7 **IN** 다리를 하늘로 올리면서, 발끝을 하늘로
들어 올립니다.

8 **OUT** 발뒤꿈치를 밀며 45° 정도까지 내려줍니다(5~10회 정도).

9 **IN** 다리를 하늘로 올리면서, 발끝을 하늘로
들어 올립니다.

10 OUT 오른발 무릎을 구부려줍니다.

11 IN 오른발을 바닥에 내립니다.

12 OUT 엉덩이를 바닥에 내립니다(가슴→허리→엉덩이 순서로).

13 왼발도 같은 방법으로 운동합니다.

참고

엉덩이를 손으로 받쳐주면 운동이 쉽고, 손으로 받쳐주지 않으면 운동이 어려워집니다.
무릎을 구부려 하면 운동이 쉬워집니다.
뻗은 다리를 바닥을 향해 더 내려주고, 더 가슴쪽으로 올려주면 운동이 어려워집니다.

039 무릎 가슴으로 당기기

10~20회

운동효과 ● 복근/힙업(Hip-up)/허리근력/하체근력/혈액순환/팔근력/허벅지살 빠짐

1 하늘을 향해 바르게 눕습니다.

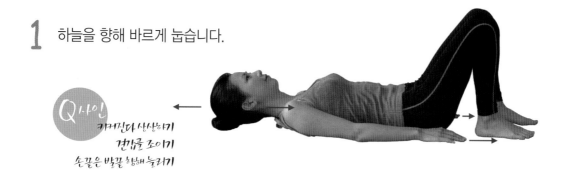

Q사인
커져진다 상상하기
견갑골 조이기
손끝은 발끝 향해 늘리기

2 두 팔을 양 옆으로 뻗어줍니다.

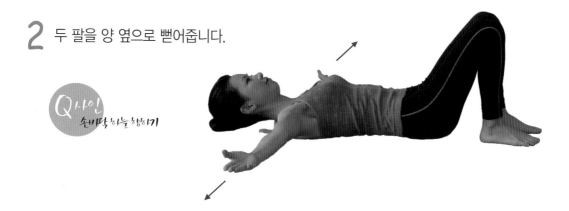

Q사인
손바닥 하늘 향하기

3 **IN** 오른발을 왼쪽 허벅지 위에 얹어 줍니다.

Q사인
오른 발목이 허벅지에
붙어있다고 상상하기

4 **OUT** 왼발로 오른발을 밀어 올려줍니다.

5 왼발로 오른발이 가슴으로 올려지도록
밀어줍니다.

Q사인
견갑골 조이기
엉덩이 하늘 항해기
등은 바닥에 밀착시키기

6 오른손은 오른쪽 무릎 바깥쪽에, 왼손은 오른발목
바깥쪽에 얹습니다.

Q사인
견갑골 내리기
등은 바닥에 밀착시키기

7 **OUT** 오른발 허벅지를 가슴으로 당겨주며, 상체를
올려줍니다(10~20초).

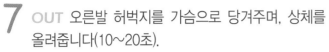

Q 사인
시선 엉덩이 너머 보기
견갑골 조이기
팔꿈치 옆구리에 붙이기
등은 바닥에 밀착시키기

8 상체를 내려줍니다.

9 **IN** 두 손을 풀어줍니다.

10 OUT 왼발을 바닥에 내려줍니다.

11 IN 오른발을 들어 바닥에 내려줍니다.

12 왼발도 같은 방법으로 운동합니다.

040 슈퍼맨 I

20~30회

운동효과 ● 복근/혈액순환/등 · 팔 · 옆구리살 빠짐/상 · 하체근력 스트레칭/관절유연성/힙업(Hip-up)/가슴

1 **IN** 상체를 엎드리고 오른쪽 뺨을 바닥에 붙이고, 두 손은 엉덩이 위에 깍지를 끼워 잡아줍니다.

Q 사인
커져진다고 상상하기
견갑골 조이기
발끝 길게 늘리기

2 **OUT** 상체를 올리고 두 발을 뻗어줍니다. **OUT** 두 팔도 길게 뒤로 뻗어줍니다 (10~20초).

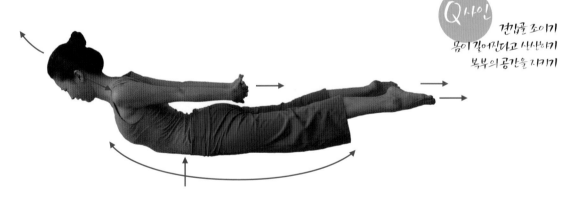

Q 사인
견갑골 조이기
몸이 길어진다고 상상하기
복부의 공간을 자기기

3 **IN&OUT** 왼쪽 뺨을 바닥에 내리고 같은 방법으로 운동합니다.

참고

상체만 올려주거나, 하체만 올려주거나, 둘 다 올려주기로 나눠서 운동할 수 있습니다.
허리가 아프지 않도록 몸을 길게 늘인다고 상상하면서 운동합니다.
복근을 계속 써 줍니다.

041 슈퍼맨 Ⅱ

10~20회

운동효과 • 관절유연성/복근/상 · 하체근력/혈액순환/힙업(Hip-up)

1 **IN&OUT** 엎드려 눕습니다.

Q사인
이마 바닥에 내리기
골반 바로 세우기
손, 발끝 길게 늘리기

2 **IN** 엎드린 상태에서 **OUT** 오른손만 들어 올려줍니다.

Q사인
견갑골 조이기
손끝이 길어진다고 상상하기

3 **IN** 오른손을 내리고, 이번에는 **OUT** 왼손을 들어 올려줍니다.

4 **IN** 올렸던 왼손을 내리고, 이번에는 **OUT** 오른발을 들어 올려줍니다.

5 **IN** 오른발을 내리고, 이번에는 **OUT** 왼발을 들어 올려줍니다.

6 **IN** 왼발을 내리고, 이번에는 **OUT** 오른손과 왼발을 동시에 올려줍니다.

7 **IN** 올렸던 오른손과 왼발을 내리고, 이번에는 **OUT** 왼손과 오른발을 동시에 올려줍니다.

8 **IN** 올렸던 왼손과 오른발을 내리고, 이번에는 **OUT** 두 손을 동시에 올려줍니다.

9 **IN** 올렸던 두 손을 내리고, 이번에는 **OUT** 두 발을 올려줍니다.

10 **OUT** 올렸던 두 발을 내리고, **IN** 두 손과 두 발을 동시에 올려줍니다.

11 두 손 두 발을 내려줍니다.

042 스위밍

10~20회

운동효과 ● 관절유연성/복근/상 · 하체근력/혈액순환/상 · 하체밸런스향상/힙업(Hip-up)

1 엎드려 눕습니다.

Q사인
견갑골 조이기
골반 바로 세우기
손끝 발끝 길게 늘이기

2 OUT 두 손과 두 발을 동시에 올려 길게 뻗고 늘려줍니다.

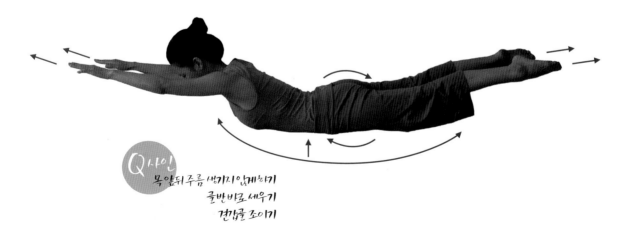

Q사인
목 앞뒤 주름 생기지 않게하기
골반 바로 세우기
견갑골 조이기

3 IN&OUT 손과 발을 수영하듯이 움직여 줍니다(10~50회).

4 IN&OUT 두 손과 발을 길게 뻗어 늘려줍니다(5~10초).

5 IN&OUT 두 손 두 발을 내려줍니다.

043 데드벅 어드밴스

10~20회

운동효과 ● 어깨관절유연성/고관절유연성/복근/상 · 하체근력강화/혈액순환/밸런스향상

1 **IN&OUT** 두 손과 두 발을 들어 올려 줍니다.

Q사인
두 손을 먼저 올려주고,
두 발은 하나씩 들어 올려주기

2 **OUT** 오른팔은 귀 옆으로 왼발은 바닥을 향해 내려줍니다.

Q사인
복부의 힘으로 등을 바닥에 밀착시키기
견갑골 조이기

3 제자리로 올려줍니다.

4 왼팔을 귀 옆으로 오른발은 바닥을 향해 내려줍니다.

Q사인
골반 바로 세우기
시선 정면 보기

5 제자리로 올렸다가 두 손을 먼저 내리고 한 발씩 내려줍니다.

Q사인
허리에 공간 생기지 않게 하기

참 고

팔과 다리를 바닥에 가까워지도록 내리면 운동이 어려워집니다.
배꼽, 등이 바닥에 붙어있는 상태로 운동합니다.

044 렉서클 Ⅱ

10~20회

운동효과 • 무릎 · 고관절유연성/하체근력강화/복근/하체관절생성/혈액순환

1 IN&OUT 두 발을 올려줍니다.

Q사인 한발씩 올려주기

2 OUT 양옆으로 벌려줍니다.

Q사인 두 손을 바닥에 밀착시키기

3 OUT 무릎으로 원을 그린다고 상상하면서 돌려줍니다.

Q사인 등을 바닥에 밀착시키기

4 IN&OUT 제자리로 돌아옵니다.

5 OUT 두 발을 길게 뻗어줍니다.

6 IN&OUT 무릎으로 원을 그린다고 상상하면서 안쪽으로 돌려줍니다.

7 IN&OUT 무릎으로 원을 그려줍니다.

8 IN&OUT 제자리로 돌아옵니다.

참고

무릎으로 크게 원을 그리면 운동이 어려워지고, 작게 원을 그리면 운동이 쉬워집니다.

045 복근운동 어드밴스

20~30회

운동효과 ● 복근/상 · 하체근력/팔 · 겨드랑이 · 등 · 옆구리 · 복부살 빠짐/척추유연성/혈액순환

1 IN&OUT 손은 깍지 끼워 뒤통수에, 무릎은 세워 줍니다.

2 OUT 두 발을 들어 올립니다.

Q사인
한발씩 들어 올리기
시선 정면 보기
골반 바로 세우기
키 커진다고 상상하기
견갑골 조이기

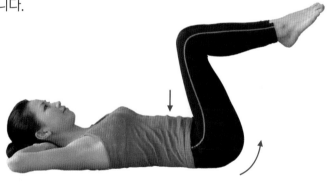

3 IN&OUT 팔꿈치로 머리를 감싸 잡고 상체를
들어 올려 팔꿈치와 무릎이 닿게 합니다.

Q사인
견갑골 조이기
등은 바닥에 밀착시키기
몸 둥글게 말기

4 **IN&**OUT 오른쪽 팔꿈치를 왼쪽 무릎에 붙여줍니다.

5 **IN&**OUT 왼쪽 팔꿈치를 오른쪽 무릎에 붙여줍니다.

6 **IN&**OUT 제자리로 돌아옵니다.

046 사이드 어드밴스

10~20회

운동효과 • 복근/전신근력/혈액순환/등 · 옆구리 살 빠짐/척추유연성

1 IN&OUT 옆으로 누워 오른쪽 팔꿈치로 몸을 세워줍니다.

Q사인
시선 정면 보기
견갑골 조이기
왼발이 위로 놓이게 하기

2 OUT 상체를 일으켜 세워줍니다.

Q사인
몸통 흔들리지 않기
시선, 가슴, 배정면 보기

3 IN&OUT 왼쪽 손은 머리 뒤에 붙여줍니다.

Q사인
엉덩이를 하늘에서 당긴다고 상상하기
오른쪽 견갑골 조이기
왼팔꿈치 하늘 향하기

4 **OUT** 왼쪽 팔꿈치를 아래로
내려주어 몸통을 트위스트합
니다(3~5초).

Q사인
견갑골 조이기
골반 정면 보기

5 **OUT** 상체를 세워줍니다.

Q사인
어깨 견갑골 조이기
시선 정면 보기

6 **IN&OUT** 왼손을 내려
줍니다.

7 **IN&OUT** 엉덩이를
내려줍니다.

8 반대쪽도 같은 방법으로 운동합니다.

047 스타

10~20회

운동효과 ● 복근/전신근력/혈액순환/옆구리 · 팔 · 등살 빠짐/전신탄력/밸런스향상

1 **IN&OUT** 옆으로 오른팔을 버티고 두 발뒤꿈치를 엉덩이에 붙여줍니다.

Q 사인
시선 정면 보기
머리 · 정수리 · 꼬리뼈 시선 느낌

2 **IN&OUT** 왼발을 길게 뻗어줍니다.

Q 사인
견갑골 조이기
어깨 밑에 팔꿈치 내리기
오른발무릎의 도움 받아 올리기

3 **OUT** 왼팔을 하늘을 향해 뻗으며 상체를 들어 올립니다.

Q 사인
엉덩이 들어올리기
시선 왼손끝 보기
가슴 · 배 정면 보기

4 **OUT** 왼발을 엉덩이 높이만큼
길게 뻗어 올려줍니다.

Q사인
몸통이 흔들리지 않도록하기
발끝 손끝 길어진다 상상하기
시선 손끝 보기, 견갑골 조이기
골반 바로 세우기

5 **IN&OUT** 시선은 정면을 봅니다.

6 **IN&OUT** 제자리로 돌아옵니다.

7 반대쪽도 같은 방법으로 운동합니다.

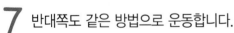

참고

두 발을 뻗은 상태로 운동하면 운동이 어려워집니다.

048 스타 어드밴스 I

10~20회

운동효과 ● 상 · 하체근력/복근/혈액순환/상 · 하체 밸런스향상/팔 · 등 · 옆구리살 빠짐/전신탄력

1 **OUT** 오른손바닥으로 버티고 상체를 올려줍니다(5~10초).

Q 사인
견갑골 조이기
골반 바로 세우기
시선 왼손끝 보기
왼손끝 하늘로 길게 늘이기
팔 · 다리가 몸통을 중심으로 길게 펴지도록 하기

2 **IN&OUT** 시선은 정면을 봅니다(5~10초).

3 반대쪽도 같은 방법으로 운동합니다.

참고

두 발을 뻗은 상태로 운동하면 운동이 어려워집니다.

049 스타 어드밴스 Ⅱ

10~20회

운동효과 ● 상 · 하체근력/복근/혈액순환/등 · 팔 · 옆구리살 빠짐/척추유연성/밸런스향상/전신스트레칭

1 **OUT** 오른손바닥으로 버티고 왼팔을 옆으로 길게 뻗어줍니다.

Q사인
시선 정면 보기
어깨 견갑골 조이기
몸통 앞뒤에 유리벽이 있다고 상상하며 무지개넘어가듯이 늘려주기

2 반대쪽도 같은 방법으로 운동합니다.

참고

뻗은 발뒤꿈치를 밀어주거나 발끝을 세워주는 운동을 해줍니다.

050 스완 다이브 I

10~20회

운동효과 • 상체근력/복근/척추유연성/혈액순환/등 · 팔살 빠짐

1 IN 엎드려 두 손을 가슴 옆에 붙여줍니다.

Q사인
견갑골 조이기
시선 바닥 보기
골반 바로 세우기

2 OUT 가슴까지 들어 올립니다.

Q사인
어깨 견갑골 조이기
팔꿈치 겨드랑이에 붙이기
손바닥 아래 부분으로 바닥을 밀며 상체 올리기

3 OUT 상체를 들어 올립니다.

Q사인
골반 바로 세우기
허리가 꺾이지 않게 하기
머리부터 꼬리뼈까지 길게 늘인다고 상상하기

4 상체를 내려줍니다.

Q사인
팔꿈치가 옆으로
벌어지지 않게 하기

051 더블렉 스트레치

10~20회

운동효과 ● 복근/상 · 하체근력/관절생성/혈액순환

1 **IN** 두 손을 무릎 위에 얹고 상체를 올려줍니다.

Q사인
견갑골 조이기
시선 끌어써 보기

2 **OUT** 무릎과 팔을 10시 10분 모양으로 펼쳐줍니다.

Q사인
어깨 견갑골 조이기
등은 바닥에 밀착시키기
손발을 길게 뻗어주기

3 OUT 내려와 편하게 쉽니다.

참 고

무릎을 접은 상태로 운동하면 운동이 쉬워집니다.
상체를 올리지 않고 하면 운동이 쉬워집니다.
손발이 아래로 더 내려 뻗어질수록 운동이 어려워집니다.
상체만 운동하면 운동이 쉬워집니다.

052 데드벅

10~20회

운동효과 • 하체근력/복근/관절유연성/혈액순환

1 **IN&OUT** 바르게 누워, 두 발을 90도로 들어 올립니다.

Q사인
견갑골 조이기, 시선 정면 보기
발은 하나씩 들어올리기
골반 바로 세우기
손바닥으로 바닥 눌러주기

90°

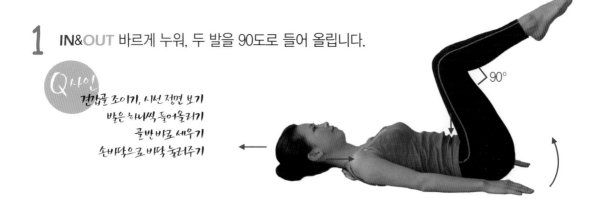

2 **OUT** 왼발 끝을 바닥에 살짝 찍고 올려줍니다.

Q사인
등에 공간 없게 하기

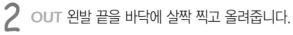

3 **OUT** 오른발 끝을 바닥에 살짝 찍고 올려줍니다.

4 **OUT** 두 발끝을 오른쪽 바닥을 향해 살짝 찍고 올려줍니다.

Q 사인
배꼽 · 등 바닥에 밀착시킨 상태 유지하기
복부의 힘으로 허리 고통 없애기
어깨견갑골 조이기

5 **OUT** 두 발끝을 왼쪽 바닥을 향해 살짝 찍고 올려줍니다.

6 **OUT** 발을 올려줍니다.

7 두 발을 내려쉽니다.

참고

두 발을 가운데를 향하도록 내려주는 운동도 가능합니다.
상체를 일으켜 세운 상태로 동작하면 운동이 어려워집니다.

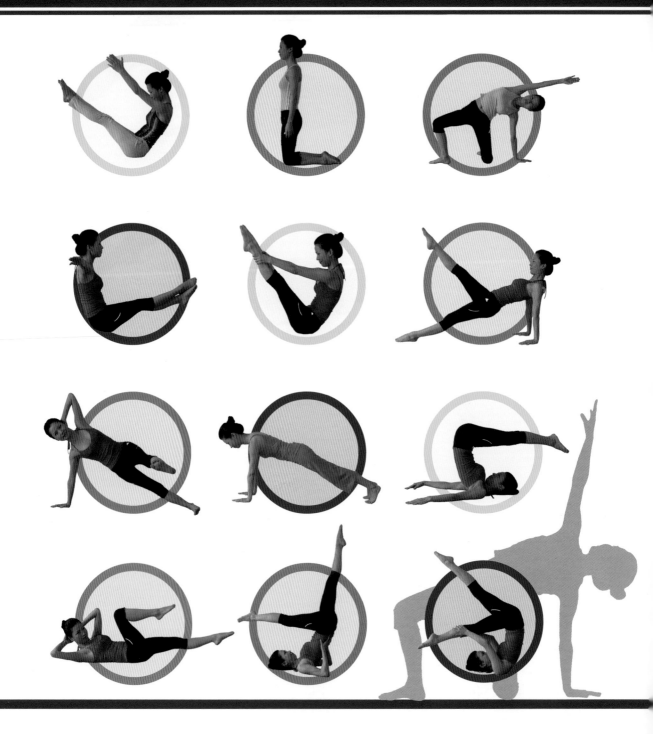

053 골반 굴리기 II

10~20회

운동효과 ● 복근/척추유연성/상 · 하체근력/팔 · 등 · 옆구리살 빠짐/혈액순환

1 **IN&OUT** 두 발바닥은 엉덩이 넓이만큼 벌리고 두 손을 허벅지에 얹어줍니다.

Q사인
시선 정면 보기
허리 곧게 세우기
팔꿈치 들어주기
발바닥은 11자 모양하기
무릎과 무릎 사이는 10cm 정도 벌려주기
견갑골 조이기

2 **OUT** 골반을 굴려 등을 C커브로 만들어 줍니다.

Q사인
시선 배꼽 보기
등은 길고 배는 좁아지도록 하기

3 **OUT** 등을 C커브 형태로, 오른발을 올려줍니다.

4 왼발도 왼쪽 무릎까지 올려 두 발을 올린 상태로
복부의 힘으로 버텨줍니다(10~20초 정도).

Q사인
견갑골 조이기
골반 굴려준 상태 유지

5 오른팔과 왼팔을 허벅지와 같은 각도
로 올려 뻗어줍니다(10~20초 정도).

6 그 상태로 오른발과 왼발을 길게 뻗어
줍니다(10~20초 정도).

Q사인
어깨 견갑골 조이기
시선 배꼽 보기
손끝 늘리기

Q사인
손·발끝 길게 늘리기

7 제자리로 돌아옵니다.

참고

동작을 하나씩 나눠서 운동하다가 다 같이 모아서 해주면 숙달되어 쉬워질 수 있습니다.

054 무릎 꿇고 일어나고 앉기

10~20회

운동효과 ● 복근/허벅지 · 종아리살 빠짐/하체근력/힙업(Hip-up)/혈액순환

1 IN&OUT 무릎을 꿇고 앉습니다.

Q사인
시선 정면 보기
키 커진다고 상상하기
등 모양 일직선으로 만들기

2 OUT 일어납니다(4~5초 정도).

Q사인
등 모양 일직선 유지하기
시선 정면 보기
어깨 견갑골 조이기
허리 곧게 세우기

3 일어선 상태에서 골반과 허리를 바르게 세워 천천히 내려앉습니다(4~5초 정도).

4 제자리로 돌아옵니다.

참고

천천히 일어나거나 앉으면 운동이 어렵고 빨리 움직이면 운동이 쉬워집니다.

055 전신운동 I

10~20회

운동효과 ● 팔 · 등 · 허벅지 · 엉덩이 · 종아리근력/복근/상 · 하체근력/힙업(Hip-up)/혈액순환

1 **IN&OUT** 무릎을 꿇고 앉습니다. 허리를 바르게 세워 등의 모양이 일직선인 상태로
OUT 천천히 일어납니다(5~10초 정도).

Q사인
골반바로세우기

Q사인
시선 정면 보기, 키 커진다고 상상하기, 등 모양 일직선 만들기

2 **IN&OUT** 오른쪽 무릎을 세워줍니다. 오른발바닥이 왼쪽의
무릎과 평행하도록, 오른손은 오른발 무릎위에 얹고 왼손은
허리 위에 얹어줍니다.

Q사인
견갑골 조이기
시선 · 배꼽 정면 보기
다리 공간 직사각형 만들기

3 **IN&OUT** 시선과 가슴과 배꼽이 정면을 본 상태로
OUT 상체를 그대로 오른쪽으로 내려줍니다(5~10초).

Q사인
허리 곧게세우기
어깨 높이 맞추기
골반 바로 세우기
견갑골 조이기
시선 정면 보기

4 **IN** 상체를 일으켜 세워줍니다.

5 **OUT** 상체를 오른쪽으로 내려 앉아 줍니다(5~10초).

Q사인
시선·가슴·배꼽 정면보기
어깨높이 같게하기
오른발 뒤꿈치 들기
견갑골 조이기

6 **IN** 오른손과 왼손을 가슴 아래로 내려 **OUT** 오른쪽으로 돌려줍니다. 이 때, **IN&OUT** 오른팔로 오른발 무릎을 밀어주고 왼발은 돌려 뻗습니다(10~20초).

Q사인
시선 정면 보기, 목 앞뒤 주름 없게 하기, 골반 바로 세우기, 무릎·정강이·발등 바닥에 놓기, 머리·정수리·꼬리뼈 시선유지, 견갑골 조이기

7 **IN** 왼발을 뒤로 돌려주고 상체가 왼발 무릎까지 돌아와 **OUT** 상체를 일으켜 세워줍니다.

8 **IN&OUT** 두 팔을 펼쳐, **OUT** 왼손 손가락으로 바닥을 살짝 지지하고 오른손을 하늘을 향해 길게 뻗어 줍니다. 이 때, 시선은 오른손을 봅니다(10~20초).

Q사인
견갑골 조이기
골반 바로 세우기
어깨 높이만큼 손끝 올리기
시선 정면 보기

Q사인
오른손과 왼손끝이 일직선 되게하기
왼쪽 견갑골 조이기
시선 오른 끝 보기
오른손 하늘에서 당긴다고 상상하기

9 **OUT** 상체를 일으켜 세워 줍니다.

10 **OUT** 다시 왼손 손가락으로 바닥을 살짝 지지하고 오른손은 하늘을 향해 길게 뻗어 시선은
오른손을 보다가, **OUT** 왼손바닥을 바닥에 완전히 내려주고 시선은 정면을 봅니다.

11 **OUT** 오른손을 오른쪽 귀 옆으로
붙여 늘려줍니다(10~20초).

Q사인
왼쪽 견갑골 조이기

12 OUT 오른손을 다시 하늘로 뻗어주고 상체를 일으켜 줍니다.

13 IN&OUT 손을 내려주고, 오른발을 아래로 내려주고, 왼발을 세워주고, 왼쪽 방향으로도 위와 같이 운동을 합니다.

056 전신운동 Ⅱ

10〜20회

운동효과 ● 팔 · 등 · 허벅지 · 엉덩이 · 종아리근력/복근/상 · 하체근력/힙업(Hip-up)/혈액순환

1 **IN&OUT** 무릎을 꿇고 앉습니다.

Q사인
시선 정면 보기
키커진다고 상상하기
등 모양 일직선으로 만들기

2 **IN&OUT** 오등의 모양이 일직
선인 상태로 천천히 일어납니다.

Q사인
골반 바로 세우기

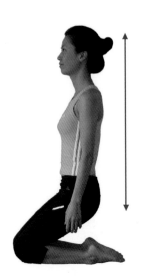

3 **IN&OUT** 오른쪽 무릎을 세워줍니
다. 오른발바닥이 왼쪽의 무릎과 평행
할 수 있도록 만들어주고 오른손은 오
른발 무릎위에 얹고 왼손은 허리 위에
얹어줍니다.

Q사인
시선 · 배꼽 정면 보기
어깨 높이 맞추기
견갑골 조이기

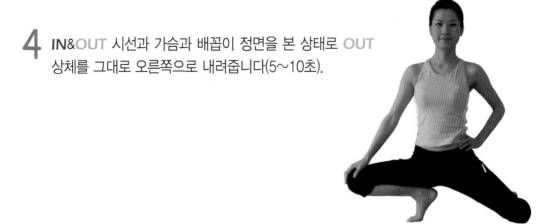

4 **IN**&**OUT** 시선과 가슴과 배꼽이 정면을 본 상태로 **OUT**
상체를 그대로 오른쪽으로 내려줍니다(5~10초).

5 **IN** 오른손과 왼손을 가슴 아래로 내려 **OUT** 오른쪽으로 돌려줍니다. **OUT** 오른팔로 오른발
무릎을 밀어주고 왼발은 돌려주며 뻗습니다(10~20초).

Q사인
견갑골 조이기, 목 앞뒤 주름 없애기

Q사인
머리·정수리·꼬리뼈 일직선으로 만들기, 골반 비교 세우기, 왼쪽 허벅지·
무릎·정강이·발등 바닥에 누르기, 허리 꺾이지 않게 하기, 왼쪽 허벅지 누르기

6 엉덩이만 들어 올려 오른발을 왼쪽 편으로 눕혀 내려줍니다.

Q사인
견갑골 조이기

7 **OUT** 왼발을 길게 뒤로 뻗어 **IN&OUT** 두 손을 어깨 밑으로 당겨 주고, 견갑골을 조여 주고, 목에 주름이 생기지 않도록 길게 상체를 늘려줍니다(10~20초).

Q 사인
견갑골 조이기
골반 바로세우기
왼쪽 허벅지 바닥에 누르기
목 앞뒤 주름 없게하기

8 **OUT** 손바닥자리에 팔꿈치를 내려줍니다. **IN&OUT** 목에 주름이 생기지 않도록 길게 상체를 늘려주고 10~20초 정도 머물러줍니다.

Q 사인
견갑골 조이기
골반 바로세우기

9 **OUT** 두 팔을 접어 절하듯이 엎드립니다(10~20초).

10 OUT 엎드린 상태에서 두 팔을 길게 뻗어 줍니다(10~20초).

11 IN&OUT 상체를 역순으로 일으켜 세워줍니다.

12 반대쪽도 같은 방법으로 운동합니다.

참고

오른발이 손을 향해 올라가면 운동이 어렵고, 오른발이 왼쪽 무릎으로 내려가면 운동이 쉬워집니다.

057 씰

10~20회

운동효과 ● 상 · 하체근력/복근/혈액순환/척추유연성/장마사지효과/밸런스향상/팔 · 다리 · 등살 빠짐

1 IN&OUT 발끝을 붙여 올린 상태로 허벅지 안으로 발목을 잡습니다.

Q사인
골반을 굴려주듯이 내려서 등을 C커브 모양으로 만들기
시선배꼽 보기, ①→②→③ 순서로 내리기

2 IN&OUT 상체를 굴려 내려갑니다.

3 IN&OUT 상체를 굴려 올려 중심을 잡아 일어납니다.

Q사인
머리 뒤통수가 바닥에 닿지않도록하기

Q사인
복부의 힘으로 몸의 흔들림 없애기

4 IN&OUT 두 발끝을 박수치듯이 5회 정도 부딪쳐 줍니다.

5 IN&OUT 다시 상체를 굴려 내려갔다가 올라오기를 반복합니다.

058 부메랑

10~20회

운동효과 ● 상 · 하체근력/복근/혈액순환/척추유연성/장마사지효과/팔 · 다리 · 등살 빠짐

1 IN&OUT 두 발을 꼬아 올리고 상체를 숙여줍니다.

Q사인
시선 무릎이나 허벅지 보기, 발끝 세우기
견갑골 조이기

2 IN&OUT 상체를 굴려 내려갑니다.

Q사인
배꼽의 공간을 지키면서, 허리에 통증이 없게하기

3 IN&OUT 상체를 굴려 올려
중심을 잡아 일어납니다.

4 **IN&OUT** 두 손을 바닥에 잘 버티고 두 발을 엉덩이보다 넓게 벌립니다.

Q 사인
시선 해벅지나 무릎 보기
복부 넣어서 복근운동하기

5 **OUT** 하체를 굴리듯이 앞으로 굴러
V자의 몸을 만들어 줍니다.

6 **OUT** 상체를 엎드려 이번에는 발을 왼발이 올라오도록 바꾸어 줍니다.

7 허리→가슴→머리 순으로 일어나서 처음부터 다시 운동합니다.

참고

5번에서 허리를 세우면 세울수록 중심을 잡기가 힘들어 운동의 강도가 높아집니다.

059 오픈렉락커

10~20회

운동효과 ● 상 · 하체근력/복근/혈액순환/척추유연성/장마사지

1 발목을 잡고 **IN&OUT** 골반을 살짝 굴려 앉습니다.

Q 사인
견갑골 조이기
복부 조이기
등 모양C커브 모양으로 만들기

2 **OUT** 왼발을 뻗어 줍니다.

3 **IN&OUT** 상체를 굴려 올려 중심을
잡아 일어납니다.

Q 사인
견갑골 조이기
골반 굴리기
복부의힘으로 밸런스 잡기

4 **OUT** 상체를 굴리듯이 뒤로 굴려 내려갑니다.

5 **IN&OUT** 머리 뒤통수가 바닥에 닿지 않도록 굴려 내려갑니다.

6 **IN&OUT** 하체를 굴리듯이 앞으로 굴러 올라옵니다.

7 **IN&OUT** V자의 몸을 만들고 중심을 잡습니다(5~10초).

Q사인
견갑골 조이기
배넣기
발끝세우기

8 OUT 왼발을 내려줍니다.

9 OUT 오른발도 내려줍니다.

참고

운동이 어렵다면, 무릎을 접은 상태로 운동하면 쉽게 할 수 있습니다.

060 렉플

10~20회

운동효과 ● 상 · 하체근력/혈액순환/힙업(Hip-up)/팔 · 등살 빠짐

1 **IN&OUT** 두 발을 뻗고 손을 바닥에 지지합니다.

Q사인
가슴 넓게 쫙 내밀기
견갑골 조이기
발뒤꿈치 밀기
무릎 펴기
시선 정면 보기

2 **OUT** 엉덩이를 들어 올립니다.

Q사인
손끝 엉덩이 향하기
가슴 펴기
견갑골 조이기
골반 바로 세우기
시선 발끝 보기
발뒤꿈차 어깨 시선 느낌으로 올리기

3 OUT 오른발을 올려줍니다(1~3초).

Q사인
몸통이 흐트러지지 않도록 하기
엉덩이 높이 유지하기
견갑골 조이기
시선 왼발 정강이 보기
발끝 세우기

4 OUT 오른발을 올려줍니다(1~3초).

Q사인
골반 바로 세우기

5 IN&OUT 왼발도 같은 방법으로 운동합니다.

참고

손목에 통증이 있다면, 손가락으로 지지해서 운동하면 손목에 무리 없이 운동이 가능합니다.

061 사이드킥 어드밴스

10~20회

운동효과 ● 관절유연성/몸밸런스향상/상 · 하체근력/복근/힙업(Hip-up)

1 **IN&OUT** 다리를 접어 비스듬히 앉습니다.

Q사인
시선 정면 보기
견갑골 조이기

2 엉덩이를 들어 올리고 왼손은 머리 뒤통수에 얹습니다.

Q사인
몸통 앞뒤로 흔들리지 않게 하기

3 **IN&**OUT 오른발을 올려 앞으로 차 줍니다.

박뒤꿈치 밀며 복부의 힘 갖기

4 **IN&**OUT 오른발을 뒤로 차 줍니다.

골반 바로 세우기
몸통 흔들리지 않기
견갑골 조이기
시선 정면 보기

5 제자리로 돌아와 반대편으로도 같은 방법으로 운동합니다.

참고

바닥에 팔꿈치로 지지하면 쉽고, 무릎을 구부려 바닥에 지지해 하면 좀 더 쉽게 운동할 수 있습니다.

062 더 트위스트

10~20회

운동효과 ● 관절유연성/몸밸런스향상/상 · 하체근력/복근/힙업(Hip-up)/옆구리 · 등 · 팔 · 다리살 빠짐

1 **IN&OUT** 다리를 접어 비스듬히 앉습니다.

Q사인
시선 정면 보기
견갑골 조이기
키 커진다고 상상하기

2 **OUT** 상체를 일으켜 올라옵니다.

Q사인
견갑골 조이기
골반 바로 세우기
머리부터 발끝까지 길게 늘어난다고 상상하기
머리 · 정수리 · 꼬리뼈 일직선 만들기
왼손 길게 늘려주기

3 **OUT** 왼손을 오른팔 안으로 넣어줍니다.

Q사인
시선 왼손끝 보기
몸통 트위스트 되게하기

4 OUT 왼손을 하늘을 향해 뻗어줍니다.

Q사인
시선 왼손끝 보기
견갑골 조이기
가슴·배꼽 정면 보기

5 OUT 왼손을 바닥에 내려줍니다.

Q사인
시선 왼손등 보기
척추 트위스트 따라하기
견갑골 조이기

6 OUT 왼손을 하늘을 향해 뻗어줍니다.

Q사인
시선 왼손끝 보기
몸통 흔들리지 않게하기

7 OUT 제자리로 돌아옵니다.

8 반대쪽으로 운동할 때는 왼발이
앞으로 나온 상태로 운동합니다.

063 푸쉬업다운

10~20회

운동효과 ● 복근/상 · 하체근력/관절유연성/밸런스/가슴/팔 · 등살 빠짐/혈액순환

1 IN&OUT 바르게 엎드립니다.

Q사인
시선 바닥 보기
견갑골 조이기
등 모양 일직선으로 하기
목 앞뒤 주름 없게 하기
골반 바로 세우기
어깨밑 손바닥 골반밑 무릎 오게하기

2 OUT 오른발을 길게 뻗어줍니다.

3 OUT 왼발을 길게 뻗어줍니다.

4 OUT 상체를 바닥으로 내려줍니다.

5 OUT 제자리로 돌아옵니다.

참고

많이 내려가면 운동이 어렵고, 조금 내려가면 운동이 쉬워집니다. 팔꿈치를 바깥쪽으로 구부리면 가슴 앞쪽이 운동됩니다.
팔에 힘이 많이 들어가고 많이 구부리면 운동이 어려워지고, 조금 구부리면 운동이 쉬워집니다. 할 수 있는 만큼 운동합니다.

---

064 렉풀 프론트

10~20회

운동효과 ● 관절유연성/몸밸런스향상/상 · 하체근력/복근/힙업(Hip-up)/혈액순환

1 IN&OUT 엎드려 정렬합니다.

Q 사인
시선 바닥 보기
견갑골 조이기
등 모양 일직선으로 하기
골반 바로 세우기
어깨밑 손바닥 골반밑 무릎 오게하기

2 IN&OUT 오른발을 뒤로 뻗어줍니다.

3 IN&OUT 오른발을 뒤로 뻗어줍니다.

Q 사인
머리 · 정수리 · 발뒤꿈치 일직선으로 만들기
시선 바닥 보기
목앞뒤 주름 없게하기
골반 바로 세우기

4 OUT 오른발을
올려주고 내려
줍니다.

5 OUT 오른발을
내려줍니다.

6 OUT 왼발을 뻗어
올려주고 내려줍니다.

7 OUT 제자리로 돌아옵니다.

065 롤오버

10~20회

운동효과 ● 상 · 하체근력/복근/혈액순환/척추유연성/장마사지/관절유연성

1 IN&OUT 편하게 눕습니다.

2 OUT 오른발과 왼발을 하늘을 향해 올립니다.

Q사인
두 손을 바닥에 누르기
복부의 힘으로 발 들어올리기
다리 하나씩 올리기
시선 정면 보기

3 OUT 발을 얼굴로 말아 올려줍니다.

4 **OUT** 두 발을 엉덩이보다 살짝 벌려줍니다.

Q사인
척추뼈가 하나씩 내려오듯이 내리기
손바닥 바닥에 누르기
시선 하복지나 무릎 보기

5 **OUT** 등을 바닥에 천천히 내려줍니다.

6 **OUT** 바깥쪽으로 두 발을 크게 원을 그립니다.

7 **OUT** 두 발을 모아 붙여줍니다.

참고

발로 원을 크게 그리면 운동이 어려워지고, 원을 작게 그리면 운동이 쉬워집니다.

066 롤업

10~20회

운동효과 ● 상 · 하체근력/복근/혈액순환/척추유연성/장마사지/팔 · 등살 빠짐

1 **IN&OUT** 편하게 눕습니다.

2 **OUT** 두 팔을 만세 하듯이 뻗어 올립니다.

Q사인
등 바닥에 밀착시키기, 골반 바로 세우기, 견갑골 조이기

3 **OUT** 두 팔을 크게 반운을 그리며 올라옵니다.

Q사인
시선 손끝 보기, 손이 리드한다고 상상하기, 복부의 힘으로 올리기

4 OUT 머리를 먼저 올려줍니다.

Q사인
몸을 튕겨 올리지 않도록 하기
견갑골 조이기

5 OUT 가슴을 들어 올립니다.

6 OUT 상체가 다 올라오면 인사하듯이 손을 앞으로 쭉 뻗어 줍니다.

Q사인
시선 무릎 보기
상체 긴장 빼기
어깨 견갑골 조이기

7 **OUT** 상체를 바닥에 완전히 내려줍니다(10~20초).

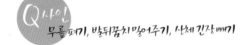

Q사인
무릎펴기, 발뒤꿈치 밀어주기, 상체 긴장 빼기

8 **IN** 두 팔을 뻗어주며 상체를 곧게 세우고 앉습니다.

Q사인
시선 정면 보기
두 팔을 길게 뻗기
배를 바닥을 향해 밀면서 허리를 곧게 세우기

9 **OUT** 골반을 눕혀주며 허리→가슴→머리 순서로 내려갑니다.

067 스완 다이브 Ⅱ

10~20회

운동효과 ● 상체근력/복근/척추유연성/혈액순환/장마사지/힙업(Hip-up)

1 IN 엎드려 두 손을 가슴 옆에 붙여줍니다.

Q사인
골반 바로 세우기
시선 바닥 보기
견갑골 조이기

2 OUT 가슴까지 들어 올립니다.

Q사인
어깨 견갑골 조이기
팔꿈치 겨드랑이에 붙이기
손바닥 아래 부분으로 바닥을 밀며 상체를 올리기

3 OUT 상체를 들어 올립니다.

Q사인
골반 바로 세우기
허리 꺾이지 않게하기
머리부터 꼬리뼈까지 길게 늘인다고 상상하기

4 OUT 팔꿈치를 구부리며 발을 들어 올리고 공을 굴리듯이 움직입니다.

Q 사인
골반바로세우기

5 IN 상체를 들어 올려줍니다.

Q 사인
견갑골 조이기
머리 · 정수리 · 꼬리뼈일직선으로 만들기

6 OUT 팔꿈치를 구부리며 발을 들어 올려 몸을 굴려줍니다.

068 크리스 크로스

10~20회

운동효과 ● 복근/상 · 하체근력/등 · 옆구리 · 팔살 빠짐/혈액순환/관절유연성

1 **IN&OUT** 깍지 끼워 뒤통수를 잡고 두 무릎을 세워줍니다.

Q사인
견갑골 조이기
시선 정면 보기

2 **OUT** 상체를 올려줍니다.

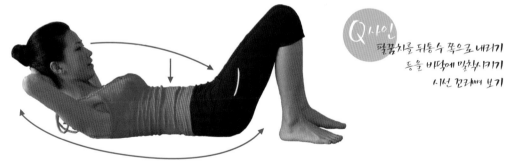

Q사인
팔꿈치를 뒤통수 쪽으로 내리기
등을 바닥에 밀착시키기
시선 끌려봐 보기

3 **OUT** 왼 팔꿈치와 오른발 무릎이 맞닿도록 트위스트합니다.

Q사인
시선 왼팔꿈치나 오른발 무릎 보기
몸통 흔들리지 않게하기
골반 바로 세우기
견갑골 조이기

4 **OUT** 오른 팔꿈치와 왼발 무릎이 맞닿도록 트위스트합니다.

5 **IN&OUT** 제자리로 돌아옵니다.

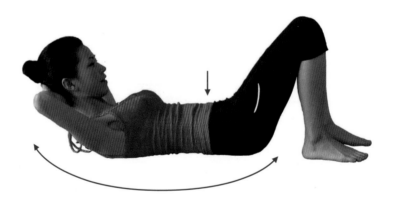

참고

뻗는 발을 바닥을 향해 내릴수록 운동이 어려워집니다. 몸통이 좌우로 흔들리거나 몸통이 들썩이지 않도록 합니다.

069 씨져

10~20회

운동효과 ● 상·하체근력/복근/혈액순환/척추유연성/장마사지

1 OUT 두 발을 하늘을 향해 올려 뻗습니다.

Q사인
발 하나씩 들어 올리고 뻗어주기
골반 바로 세우기
시선 정면 보기
견갑골 조이기
두손 바닥에 밀착시키기

2 OUT 두 발이 얼굴을 향해
올라옵니다.

Q사인
견갑골 조이기
복부의 힘으로 올리기
시선 흉벅지나 무릎 보기
발끝과 엉덩이 평행하게 하기

3 IN 두 손으로 허리를 받쳐줍니다.

4 **IN&OUT** 9시10분 방향이 되도록 발을 뻗습니다.

5 **IN&OUT** 자전거를 타듯이 발을 굴려서 차 줍니다.

6 **OUT** 제자리로 돌아옵니다.

Q사인
발하나씩, 내리기

참고

발로 원을 크게 그리면 운동이 어려워지고, 원을 작게 그리면 운동이 쉬워집니다.

070 컨트롤 밸런스

10~20회

> **운동효과** ● 상 · 하체근력/복근/혈액순환/척추유연성/장마사지

1 OUT 두 발을 들어 올려줍니다.

Q사인
발 하나씩 들어올리기
견갑골 조이기
시선 정면 보기
골반 바로 세우기

2 OUT 두 발을 하늘을 향해 올려

Q사인
발끝은 하나씩 뻗어 올리기
손바닥 바닥에 누르기

3 **OUT** 두 발을 얼굴을 향해 뻗어줍니다.

Q 사인
시선 엉덩이나 무릎 보기

4 **OUT** 3시 방향으로 발을 내려줍니다.

5 OUT 두 손으로 오른발을 잡아줍니다.

Q사인
견갑골 조이기
복부에 힘주기

6 OUT 두 손으로 왼발을 잡아줍니다.

7 OUT 제자리로 돌아옵니다.

참고

무릎을 구부려서 하면 운동이 쉬워집니다.

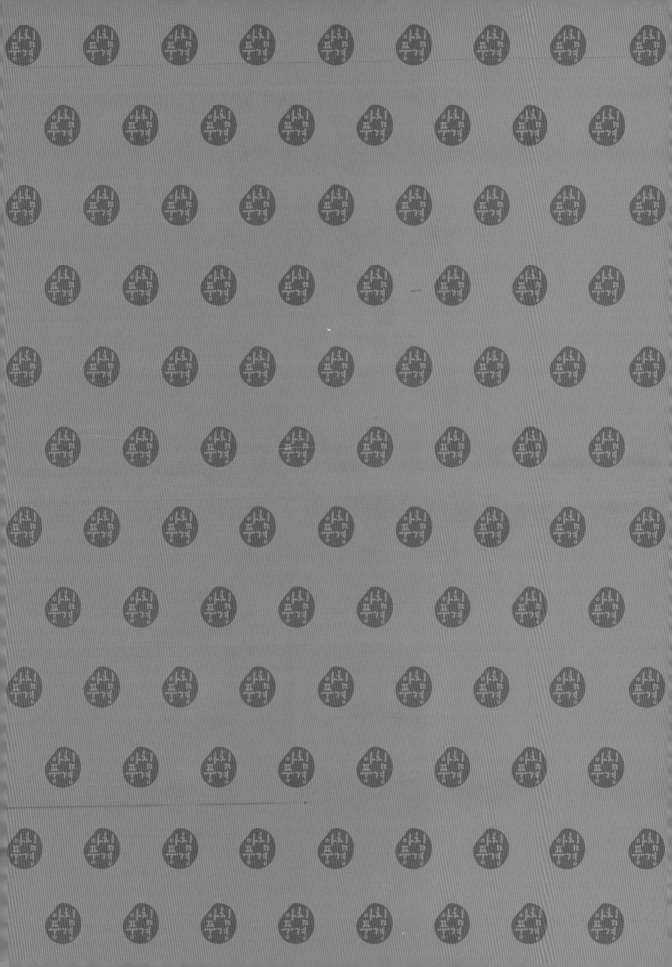

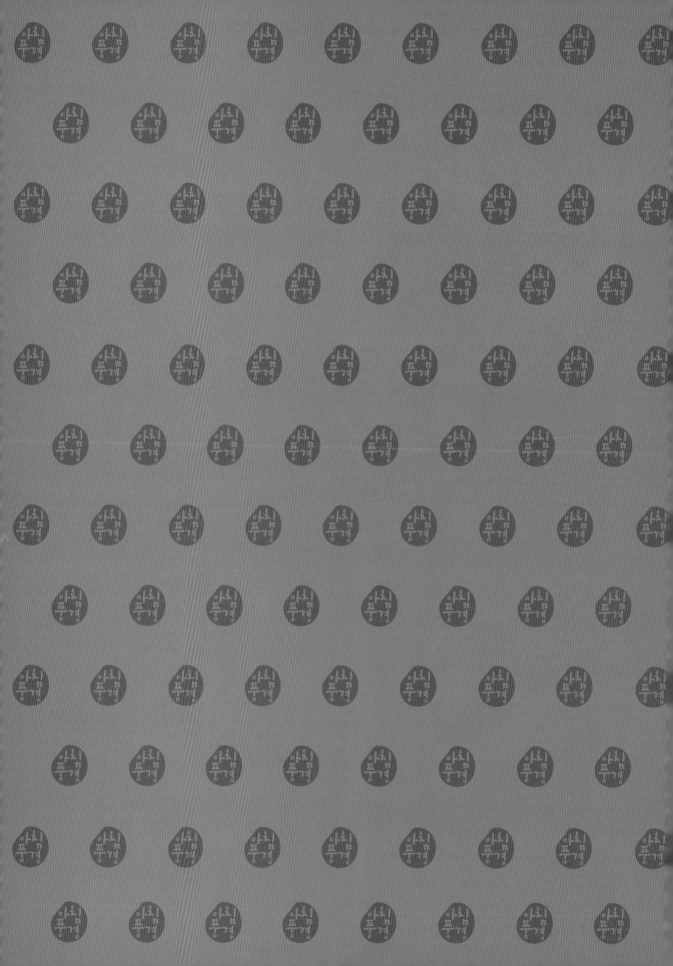